苏珊·福沃德心理学经典作品

DR.SUSAN FORWARD

依恋

为什么我们爱得如此卑微

[美] 苏珊·福沃德　[美] 琼·托雷斯
著

王国平　王宏似玉
译

北京日报出版社

关于本书

爱人之间到底应该以什么样的方式相处？你的爱人是不是理所当然地认为他有权管制你的日常生活和行为？你是不是经常会放弃一些重要的活动或朋友来迎合他？他是不是经常嫉妒或者占有欲很强？他是不是经常毫无预兆地就突然从高兴变得愤怒了？他是否总是贬低你的意见、你的感情或你的成就？他是不是动不动就不理你，用钱、用性来惩罚你？是不是你出一点点错他就责怪你？……

在这本心理自助指南中，苏珊博士对那些有类似问题的情感案例进行逐一分析，帮助你了解控制型男人所具有的破坏性思想，以及你该如何应对他们的不当行为，包括如何打破固有思想、治愈创伤、重获自尊，甚至如何重建关系或是获得找寻真爱的勇气。

推荐序

女人的幸福，到底去哪儿了

罗近月

高级婚姻家庭咨询师，壹心理专栏作家

在这些年的婚姻咨询中，我见过无数活得非常痛苦的女性，当她们找到我咨询时，我以为她们会借此机会好好看看亲密关系是怎么回事，然而我听到更多的期待却是这样：我想知道该怎样控制自己的情绪，我想提升自己的安全感，我想知道如何才能变得不敏感。

当我进一步问她们为什么会有这样的期待时，她们会说：因为丈夫不喜欢，自己也觉得这样不好。除了丈夫的要求，当她们自己的父母、朋友、各类文章也在不断告诉她们如何做女人才更好时，她们开始进一步怀疑自己。

作为一个多年工作在婚姻情感领域的咨询师，我知道想通过压抑自己来维持亲密关系的女性不在少数。但如果她们只是将所有的问题都习惯归罪于自己的话，她们既无法改变自己，也无法改变她们的婚姻，只能深陷在痛苦的关系里进退两难。

她们总觉得自己可以变得更好，却又因为无法自控或无法改变自己而挫败。实际上，情绪失控、安全感缺失、对亲密关系敏感看起来好像是她们的问题，其实却只是亲密关系的一个信号灯，暴露出来的是他们相处模式的问题。

看到许许多多的女性在亲密关系里变得歇斯底里，却又不得不为自己的行为自责时，我的脑海中常常冒出这样的问题：女人的幸福，到底去哪儿了？是什么让她们看不清自己的处境？

我多么希望有一本书能让她们稍微多一点关注亲密关系，哪怕只是从冰山的一角开始，也可能让她们更有机会去触碰到真实的自己，而不是一味地为了幻想中的关系去伤害自己。

《依恋：为什么我们爱得如此卑微》这本书的作者用深入浅出的语言，为我们清晰展现了控制型关系发展的路线图，既有丰富的案例，也有专业的心理分析；既可以作为女性的自我成长指南，也可以作为专业咨询师评估案例的延伸思考。

我想当任何一个对亲密关系有着更多期待的人拿起这本书时，最直接的改变不是从书中学到什么，而是通过书中大量的案例开始思考自己，理解亲密关系除了自己认为的那样，还有其他更多的可能。打破一味地否定自己的习惯，这是所有想要从痛苦的亲密关系里走出来的第一步。

很多在亲密关系中痛苦的女性以为，只有先改变自己，或者是改变自己的伴侣，现状就会好起来。实际上，只有她们从亲密关系中退后一步，才能清楚地认识到自己、婚姻和人生走向！既看到亲密关系的本质，也看见自己是如何支持这样一段不平等的亲密关系时，作为个人在亲密关系里能力和力量就开始被看见。

正如作者在书中所说："很多人不敢回顾造成他们性格和经历的根源，认为过去的就过去了，回首往事无异于顾影自怜。不过自我发现为我们提供了激动人心的新选择，我们越是了解自己性格的成因，就越能顺利地摒弃我们无意义的行为和态度。"

不管你正在什么样的处境中，只有当你足够了解自己，了解你身处的亲密关系时，你才能开始重建自己，夺回在亲密关系里作为成人的权利。当你能管住自己时，你就准备好要管住你的伴侣了，因为不依赖另一个人、独立思考的能力，才是女性找回自己幸福人生的前提！

为什么我们爱得遍体鳞伤，却找不到症结所在

- “我对自己的相貌和身材一向都很满意。可是艾德总拿着杂志上的美女照片，要我学她们。他要我学这个、学那个，说只有那样，我才显得更有魅力，他才更喜欢我。他越是这样，我越是认为自己是个丑八怪。”
- “他会说：‘我今天早上有个重要的会要开，我要做爱。’做爱的原因和我一毛钱关系都没有。”
- “我战战兢兢，生怕家里断了奶酪、他爱吃的饼干和他爱喝的红酒，惹来大祸临头。”
- “他动不动就让我出丑，我难过得要命，不想和他一起见朋友，生怕她们见到我忍气吞声的窝囊样子。”
- “我在工作中和在家简直判若两人。工作中，我受人尊敬，才智过人，能力超群。但一走进家门，我顿时就成了一个废人。”
- “当吉姆心情不好、不搭理人的时候，我就会觉得胃中灼热，然后这种感觉开始蔓延到全身。……这是我平生最难过的时候。这纯粹是出于恐惧吧。”

通过阅读这本书，这些女性摆脱了折磨她们的男人，重获新生，过上了幸福的日子。相信你也能够做到。愿这本揭示问题真相的书能为你指明方向。

目录

序　言
为何爱得如此卑微

正常人都容不下我这副德性的人。杰夫能受得了我只有一个原因——他爱我。

南希第一次来找我的时候，体重超标将近30公斤，还深受溃疡的困扰。她穿着一条肥大的旧牛仔裤，套了一件说不出样子的罩衫，头发蓬乱，指甲被她啃得见了肉，手也不由自主地发抖。四年前嫁给杰夫的时候，她在洛杉矶一家大型百货商场任时尚助理，为商场采购设计大师的作品，足迹遍及欧洲和亚洲的各大城市。那时候，她打扮入时，身边不乏风流倜傥的男士；她写过许多文章，笔下尽是洛杉矶的成功女性。取得这些成就的时候，她还不到三十岁。但我第一次见到她时，她三十四岁，却已羞于见人，生怕人家对她评头论足，几乎足不出户。

自从嫁给了杰夫，南希的自信似乎一落千丈。可当我问起她的丈夫，她却喋喋不休地列举了他的种种优点。

他是一个好男人，帅气、风趣、活泼，常常做一些不起眼的小事哄我开心，比如给我送花，纪念我们亲密接触一周年。去年他还给了我一个惊喜，买了两张机票，去意大利给我过生日。

她说，杰夫是一位专攻娱乐界的律师，工作忙归忙，但总想办法抽空陪她。虽说她不敢以现在的容貌示人，但只要出去应酬，他从不落下她。

我以前爱陪他去见客户，因为我们手挽手，就好像一对高中时代的小情侣。因为他，闺密们对我又羡慕又嫉妒。一位朋友说："南希，你找到了一位如意郎君呀。"我心里清楚，他的确是我的如意郎君。但再瞧瞧我！想不通我怎么就成了这副德性。我成天想的都是自己太没出息。我要重回从前的模样，不然我早晚会失去他。杰夫这样优秀的男人大可不必守着我这个黄脸婆。只要他愿意，漂亮姑娘多的是，连电影明星都不在话下。他不离不弃，是我的福气。

听着南希的话，再看她的外表，我不禁自问："这个问题的症结究竟在哪儿？"一个才华出众、能干、爱情美满的女人何以沦落到这么不堪的境地？四年的婚姻生活，究竟出了什么差错，才会毁了她的形象，让她的自我评价一落千丈？

在我的一再追问下，她与杰夫关系的真相才一点一点地浮出了水面。

非要说我对他哪里不满的话，是他经常发脾气。

"发脾气，什么意思？"我问。她竟然苦笑了下。

他跟金刚似的，发起脾气嗓门特别大，又吼又叫。他还经常不顾我的面子。就说昨晚吧，我们陪几位朋友共进晚餐。他兴致勃勃地谈起一出戏，我也插嘴发表了一些意见，他突然打断我，板着脸说：“你给我闭嘴！”接着扭头对朋友说：“别理她。她什么都不懂，就爱瞎说。”我顿时无地自容，连饭都没心情吃了，恨不得找个地缝钻进去。

说着杰夫骂她蠢、自私、没脑子的这些屈辱往事，她忍不住失声痛哭。

我问着问着，这幅画面越来越清晰。在画面中，男方只要一发脾气，就冲女方大喊大叫、摔门、扔东西，而女方千方百计地迎合一个动辄发脾气、恶语相向却又魅力四射的男人。南希说，杰夫刺耳的话常常让她久久不能安睡。她经常没来由地失声痛哭。

结婚后，在杰夫的一再要求下，她辞了工作。如今她想重返职场，却发现困难重重。用她的话说：

现在就算人家要我，我都不敢去工作，别说出差采购了。我不敢拿主意，因为我丧失了信心。

结婚后，家里事无巨细都由杰夫做主。他掌管家里的开销，南希与什么人交往，就连他上班期间，南希在家做什么都要听他的。只要南希的意见与他的不一致，惹他不高兴，他就对她冷嘲热讽，大呼小叫，连当着别人的面，都不给她留一点情面。只要她稍一违背他的意愿，他就能闹得不可开交。

我告诉南希，她有许多问题需要解决，不过我要她放心，她的问题不是绝症，我至少能帮她缓解压力。我告诉她，我们会审视她与杰夫的关系。她自认为丧失的自信并没有丢，不过是寄托错了人，我会帮她找回来。第一次咨询结束后，她平静了许多，不再失魂落魄，而我的心绪却久久不能平静。

南希的故事深深地刺痛了我。我知道，作为一名心理医生，我对来访者的态度就是一剂良药。我与需要疏导的人沟通感情，能让我迅速掌握方法，了解他们的内心。但这次却另当别论。南希走后，我如坐针毡。南希不是第一个来求助这种问题的女人，我也不是第一次产生如此强烈的反应。我不再否认，南希的感受，我感同身受。

在旁人眼里，我自信、快乐，是个什么都不缺的女人。日复一日，我在办公室、在我从业的医院和诊所，语重心长地开导来访者，帮他们重拾自信，重塑他们对自己优点的认识。可回到家，却是另一番情景。我丈夫和南希的丈夫一样，帅气、性感、浪漫，我对他一见钟情，不顾一切地爱上了他。谁知没过多久，我就发现他脾气暴躁，让我自惭形秽、自觉无能并失态。他硬是要掌控我的一举一动，甚至感受和信仰。

作为心理咨询师苏珊，我也许会告诉南希“听你说的，你丈夫的举动不像是爱，倒像是精神虐待”，但我如何用这话来说服自己？苏珊晚上下班回到家，委曲求全，生怕丈夫冲她大喊大叫；苏珊一再告诉自己，他是一个好男人，做他的妻子是自己的福分。要是出了什么问题，那想必也是她的问题。

接下来的几个月，我审视了自己和处于类似情况的来访者的婚姻。究竟出了什么问题，有什么规律可循？虽说来求助的一般是女人，但引起我注意的却是男人的行为和态度。用他们妻子的话说，他们往往帅气、温情脉脉，但常常突然间换一副嘴脸，变得歹毒、刻薄、翻脸无情。这种行为不胜枚举，大到赤裸裸的威胁恫吓，小到没完没了地贬低你，或含沙射影地指责你。不论采用什么手段，结果都是一样的：很多男人靠不断地贬低女人来取得掌控权，同时推卸责任，不承认是他们的非难给妻子造成了痛苦。恰恰相反，只要心里不爽，他们就把责任一股脑儿地推到伴侣身上。

从我接待过的一对对夫妇的经历，我发现每一桩婚姻都有两面性。只听一面之词，心理咨询师的判断恐怕会有失偏颇。婚姻生活中的龃龉和矛盾，夫妻双方肯定都有责任。所以我往往会请来访者的丈夫一同来治疗。然而，一旦见到了来访者的丈夫，我就发现，虽然他们也有委屈，但相比他们给妻子受的罪，他们的委屈简直不值一提，更痛苦的一向都是女人。她们的自信常常土崩瓦解，许多人甚至还出现了别的症状和反应。比如南希患上溃疡、超重、不注重自己的形象；还有人滥用药物，或借酒消愁，有周期性偏头痛、肠胃病、暴饮暴食、失眠等问题，影响到她们的工作表现。从前叱咤风云的女强人如今会怀疑自己的能力和判断。她们时常抑郁、痛哭和焦躁，甚至到了令人恐慌的地步。在每一个个案中，这些问题一般都出现在两人相处或结婚之后。

发现这些关系中共有的规律后，我开始与同事探讨这件事。同事都表示认识一两个这种男人，他们都会这样对待自己的妻子、恋人，或者女儿。更叫我奇怪的是，虽说我们都见过这种行为，却至今没一个人认真地做过分析总结。

这时候，我开始翻阅心理学方面的文章。由于很多男人体察不到他们给伴侣造成的痛苦，我首先翻阅了人格障碍方面的资料。有人格障碍的人感觉不到愧疚、自责或忧虑。这些情绪虽说叫人不痛快，却必不可少，我们在人际交往中需要他们从伦理道德层面控制自己的一言一行。

人们公认的两大类人格障碍，首先是自恋，男性自恋狂与女性交往的初衷无非是为了证明自己高人一等。这种类型的男人往往频繁更换女人，为的是不断寻找爱和崇拜。彼得·潘和唐璜便是大家耳熟能详的两个代表人物，他们被人称作“不会付出爱的男人”。

我研究的这种男人却另当别论。他们爱得很深，在许多案例中，他们与一位固定的伴侣长相厮守，白头到老，但他们的初衷却有别于自恋狂，他们需要的是掌控，而不是被人爱慕。

两类人格障碍中的另一类是极其危险的反社会分子。这种人频频制造事端，撒谎欺骗成了他们的习惯。只要有人落入了他们的手中，无不受到利用和盘剥。这类人既有普通罪犯，也有成功人士。反社会分子的一个显著特征是丧心病狂，完全没有道德底线。

但我要研究的男人在人际交往中明白事理、左右逢源，不像反社会者。他并非对谁都一视同仁，相反，他非常有针对性，可惜的是，他针对的却独独是自己的伴侣。

他的武器是语言和情绪。他虽不赞成用武力对待自己的伴侣，却一贯施以精神暴力，结果感情蹂躏的伤害反而重于身体暴力。

不知道这些男人是否从他们强加给伴侣身上的痛苦中获得了快感。真是这样的话，那他们不就是虐待狂吗？

和我探讨过这一发现的人多半一口咬定，与这种男人搅在一起的女人都是典型的受虐狂。我气坏了。我知道，给婚姻不和谐的女人贴上一个“受虐狂”标签的做法，在我们这一行，甚至我们的文化中由来已久，认为这种女人追求痛苦、享受痛苦。用“受虐狂”一词解释为什么这么多女人自暴自弃、对男人唯命是从虽说省事，却贻害无穷。其实，很多女性早就习得了这种行为，一个自我评价低、听话顺从的女性，在社会上往往会得到回报或颂扬，可是“做个温柔、可爱的女人”这种从小所受的教育，恰恰是她们频频遭到虐待的根源。“受虐狂”这个概念格外有害，因为它为欺负女性的行为开脱罪责，一口咬定“女人就爱这样”。

与前来咨询的夫妇们深入交流后，我发现这些丈夫都不属于上述两类。相比虐待狂，与其说他们从伴侣的痛苦中获得了情感慰藉或性快感，倒不如说伴侣受的罪让他们又气又怕。这些男人不是虐待狂，这些女人更不是受虐狂。男人的暴虐给不了女人一星半点变相的性欲或情感上的满足。恰恰相反，虐待让女人意志消沉、一蹶不振。我再次发现，这些心理学分类和术语都解释不了我所了解的两性关系。我要研究的男人也不在我查阅的文献之列。

他算不得一个活脱脱的反社会者、自恋狂或者虐待狂，尽管他性格中常常具有这些成分。这种男人和心理学文献中提及的男人之间最显著的一个区别，在于他能长期守着一个女人。但可悲就可悲在，他千方百计摧残的却是他口口声声说深爱的女人。

作为心理咨询师，我深知“我爱你”这三个字不足以说明两人相处中的一切。我知道，证明“我爱你”靠的是行动，不是动听的语言。听着来访者的倾诉，我不禁想：“他就是这样对待他深爱的人的吗，这不是对待仇人吗？”

希腊语中有一个描述控制型男人的词——misogynist，“miso”意为“仇视”，“gyne”意为“女性”。虽说这个词在希腊语中存在了几百年，但一般指的是杀人狂魔、强奸犯以及其他对女性施暴的人。严格来说，这些人都是控制型男人。我认为，我要探讨的男人也属于这一类，只不过他们选择的手段不同罢了。

深入了解了控制型男人和他们的婚姻生活后，我不仅对我的客户，甚至对我的丈夫、我自己和我的婚姻都有了深刻的认识。那时候，我们的家庭关系极其紧张。每天临下班，为了多在办公室赖一会儿，我都要绞尽脑汁编造种种借口。我的几个孩子成天紧张兮兮，我的自信落到了前所未有的低谷。说句实话，如果要收集控制型男人婚姻生活方面的文献资料，我和丈夫恐怕是一个典型的例子。在他眼里，一切都是我的错。大到业务有难题，小到皮鞋没擦亮，他都怪我。尽管那段时间主要靠我挣钱养家，但他对心理咨询这一行和我，不是冷嘲，就是热讽。

他越是指责我自私自利、对他漠不关心，我越是低声下气、一味忍让，甚至故意怠慢工作来讨好他。刚结婚时，我是个快乐、活泼的姑娘，时隔十四年，我却成了一个整天担惊受怕、常常强忍眼泪的怨妇。我要么忍无可忍，喋喋不休地质问他，要么躲到一旁生闷气，不敢直面我们婚姻关系中的问题。

后来的一件事让我如梦方醒。当时我着手处理成年人被当作儿童性侵的案例。我坚持将这一问题公之于众，从而得到了广泛关注。随后，我签下了处女作《对天真的背弃：乱伦及其余孽》（*Betrayal of Innocence: Incest and Its Devastation*）的出版合同。那天，我兴冲冲地跑回家，想与丈夫分享我的幸福和喜悦。但一跨进家门，我就看出他心情不好。我明白，这条喜讯只会让他更加失意，于是我对自己的好消息只字不提，进了厨房，给自己倒了一杯酒，聊作庆祝。我非但不能与我深爱的男人分享幸福时光，还要把幸福埋在心里，生怕惹他不快。

这时候，我意识到我们之间出现了严重的问题。我和丈夫，还有前来咨询的夫妇，都需要别人帮我们解决问题。不过，我丈夫说什么也不肯改变他的态度，或者改善我们的关系。到了最后，我只能得出一个结论：我要是不彻底妥协，恐怕连这段婚姻都保不住。

这一巨大的转变让我伤心了许久，但上苍关上了一扇门，同时又为我开启了一扇窗。我从自己身上发掘出前所未有的创造力和活力。没过多久，我的事业有了很大的起色。我的书出版了，业务不断增长，我还办了一档全国性的现场连线广播节目。不论是广播，还是咨询业务，我接待的在婚姻中跟我有着类似遭遇的女性越来越多。广播节目中，打电话来倾诉的女性少则忍受了几个月的精神虐待，长则半个世纪。她们叙述了几个能说明问题的事例后，我一般会针对性地问如下几个问题：

• 他是不是理直气壮地认为自己理应左右你的人生和一举一动？

• 为了取悦他，你有没有放弃过对你来说非常重要的活动，断绝了与亲朋好友的来往？

• 他是不是一贯瞧不起你的观点和感受，贬低你的成就？

• 一旦惹他不快，他会不会冲你大吼大叫、放狠话，或者干脆躲到一旁生闷气？

• 说话之前你是不是如履薄冰，一遍遍地想着该怎么说，生怕一句不慎惹他动怒？

• 他是不是说翻脸就翻脸，让你无所适从？

• 你是不是经常心乱如麻，觉得自己干了蠢事，或是配不上他？

• 他是不是一个醋坛子，有极强的占有欲？

• 在亲密关系中，他是不是认为你是引起所有问题的罪魁祸首？

针对我提的问题，如果她的回答多半为“是”，那么，她遭遇的很可能是一个控制型男人。我阐明了她们生活中的遭遇，解开了她们的心结。即使隔着一条电话线，我也能听出她们语气中的释然。

在相信自己揭露了一大心理障碍后，我打定主意，到电视谈话节目《早安洛杉矶》（*A.M.Los Angeles*）中小试身手，探讨这个话题。我在节目中探讨了控制型男人惯用的手段和行为。

节目刚一结束，几名女工作人员就围了过来。看来她们都有过与这种男人相处的经历。第二天，广播公司宣布，我的节目接到的电话反馈创了这个台的历史纪录。

此后不久，我又上了波士顿一档脱口秀节目。这次我花了整整一个小时探讨这个话题，得到了更加热烈的反响。信件从全国各地纷至沓来，我明白我切中了问题的要害，触到了大家的伤心处。女性朋友们在来信中言之切切，都在问哪儿能买到关于控制型男人的书，都希望能深入了解这个问题。

她们在来信中倾诉的经历深深触动了我。她们都需要有人告诉她们：她们在婚姻生活中的感受并不“荒唐”，她们并非“一小撮人”，有人能理解她们，不像伴侣那样否定她们、贬低她们。

她们的反响让我坚信，认清、阐明、理解这种婚姻生活的状况，能让很多女性摆脱压在心头的自责。这时候，我明白我必须写这本书，我不仅要帮这些女性认清她们的遭遇，而且要帮她们找到对策。

要想改善亲密关系，我们势必要了解出了什么情况，但光是了解还远远不够。了解不过是认知训练，要想转变自己的人生，改善我们的亲密关系，我们就必须有所行动，而不仅仅是转变认识。

为实现这个目标，我将本书分为两个部分。第一部分，我要探讨有问题的亲密关系的成因和机制。我将从最初的浪漫和激情，讲到最后的迷茫和痛苦，从各方面剖析这些女性坠入控制型男人情网的各个阶段。我要分析这些男性产生这种表现的根源，还要探讨这些女性渐渐变得逆来顺受的情况和成因。

在这个过程中，我会穿插一些在咨询业务中积累的案例，并且将这些案例贯穿本书的始终。为了保护当事人的隐私，我会隐去她们的姓名和明显特征。但我会在力所能及的范围内保留她们的遭遇和叙述。

本书的第二部分，我撷选了近几年琢磨出的一套行之有效的行为技巧，指导你改善与伴侣的关系，彻底改变你自己。这种技巧将帮你学会自卫，不再为控制型男人左右，摆脱迷茫，重拾自信。

你现在正处于痛苦的两性关系之中也好，往昔的伤口已经愈合也好，或是担心将来遭此不幸也好，本书中的某些内容都可能会激起你强烈的情绪波动。在你踏上这段阅读之旅时，尽管我不能一路相伴，但我希望你能感受到我的关心、牵挂和鼓励。

第一部分

疯狂的控制型关系

PART 1

第一章
从天而降的真命天子

一见钟情是非常美好的爱情体验。茫茫人海中，你偏偏一眼看见了他，你们四目相遇，那一刻，仿佛一股电流传遍了你的全身。只要他在身边，你就手心冒汗，心儿仿佛小兔，突突乱撞，你好似浑身上下都焕发着活力。他就是你的意中人、你的如意郎君。只要有他相伴，你就会兴奋、幸福。这种情愫挡也挡不住。这就是浪漫的爱。

罗莎琳德四十五岁那年遇到了吉姆。她生得漂亮，一头红褐色的头发，始终不懈努力地保持着高挑、匀称的身材。她开了一家古董店，是一位事业有成的古董商和收藏家，也是广告界的成功人士。她有过两段婚姻，儿子现已长大成人。在见到吉姆本人之前，罗莎琳德就已经听朋友说了很多关于他的事，早就盼着能见他一面。有一天，几位朋友带她去听他在当地举办的一场爵士音乐会。演出结束后，一行四人出去小聚。吉姆身材高大、皮肤黝黑、英气逼人，罗莎琳德深深迷上了他。

我和吉姆互生好感。我们谈了许多，孩子呀、音乐呀……他说他结过婚，现在一个人带着两个孩子，这给我留下了很深的印象。他兴致勃勃地听我谈起我的古董店，因为他做的是家具改装，对上下游市场都很感兴趣。他问我第二天晚上能不能再见一面。结账的时候，我看出他手头不宽裕，于是主动安排第二天在我家见面吃饭。他拉起我的手，紧紧地攥着，盯着我的眼睛。我看得出，他感谢我的良苦用心，感激我理解他的处境。

第二天，我无时无刻不在想他。后来他到了我家，一切都是那么美妙。晚饭后，我播放了《一位明星的诞生》（*A Star Is Born*）这首曲子，我们两人踏着旋律，在客厅跳了一曲。他紧紧地搂着我，我感觉周围的世界都跟着我旋转。“这个男人真心爱我，他身材魁梧，肯踏实地经营一段感情。”我人随着他翩翩起舞，心中一一闪过这些念头，感觉太开心了。这也许是我平生最浪漫的一天。

碰到罗莎琳德的那年，吉姆三十六岁。和罗莎琳德一样，他也沉醉在他们的浪漫之中，相信她就是自己这辈子要找的女人。他事后告诉我：

她漂亮，是个不服输的人。她有自己的事业，全靠一个人打拼。她独自抚养儿子，是个称职的母亲。我从没见过她这样的女人。她活泼、开朗，对我的生活中的一切，甚至我的两个孩子都非常热心。她完美无缺。我给所有的朋友都打了一遍电话，夸她有多好，甚至打电话告诉了我的妈妈。我跟你说，我这辈子还没对哪个女人爱得那么深。我从没像这样想着一个人，我无时无刻不想着她、梦着她。真的，这的确非同寻常。

第三次见面后，罗莎琳德在自己的名字后添上了吉姆的姓，体会那种属于对方的感觉。她推掉了一切应酬，生怕错过他的电话。吉姆也没辜负她的厚爱。他没有高高在上，玩欲擒故纵那一套，反而和她一样认真对待这段感情。他说到做到，只要答应给罗莎琳德打电话，就一定会打，不像别的男人隔三岔五才打一个，也绝不会推说工作忙，耽误了和她见面。两人在一起的感觉就像坐过山车，快乐、刺激。

劳拉是我的另一位咨询者，她的艳遇过程更是生动诠释了“一见钟情”这个词。当时她是位事业有成的财务主管，在一家大型化妆品企业工作。她一头浅棕色的秀发，一双黑色的杏眼，身材苗条，是一位非常标致的女人。第一次邂逅鲍勃那年，她三十四岁。那天晚上，她陪一位女性朋友去饭店吃饭。

我离席打了一个电话，等我回来，却发现一个大帅哥坐在我的位置上陪我的朋友聊天。他早就注意到了我，故意待在那儿等我回来。四目相遇的那一刻，我就仿佛全身过了电。我平生也没对哪个男人有过这样的好感。他有着一双我抵挡不了的明亮的大眼睛。见到他，我就魂不守舍，一门心思地爱上了他。

第二天晚上，我们第一次正式约会。他带我去了一家海边的小餐馆，点了许多我喜欢吃的菜。他是一个懂酒、懂美食的男人，而我喜欢的恰恰是男人的这种品味。他对我的职业、见解、爱好……似乎样样都感兴趣。我叽叽喳喳地说个不停，他却安静地坐在那儿，用那双迷人的眼睛望着我，用心地倾听。饭后，我们回到了我的住处，一块儿听音乐，然后我使出浑身解数，希望能与他亲近，可惜他始终都表现得非常绅士。我爱的就是他这种风度。和他在一起，令人心醉神迷。我平生从没觉得与哪一位男人那么亲近过。

鲍勃四十岁，在一家服装厂做销售员。他告诉劳拉，他年前才离的婚。相处的第一个月，他和劳拉就搬到了一处，开始谈婚论嫁了。他把劳拉介绍给自己的两个小孩，孩子们很快就和她打成一片。鲍勃爱孩子，这让劳拉更加喜欢他。

杰姬和马克的浪漫史源于一次相亲。从第一晚开始，两个人就认真地对待这段感情。用杰姬的话说：

我打开门，只见眼前站着一个大帅哥，只顾冲着我笑。他说的第一句话是："我能用下你的电话吗？"我眨了眨眼睛，说行，他过去拨了我们介绍人的电话，说："喂，约翰，你说得没错。她和你说的一样。"那仅仅是当晚的一个开端。

杰姬娇小玲珑，认识马克的时候，刚刚年满三十。她是一名小学教师，一边要养活上一段婚姻留下的两个孩子，一边要攻读博士学位。马克三十八岁，最近在竞选公职。杰姬记得在满大街的广告牌上见过他的照片。她对他颇有好感，能被他看上，她无比开心。

我们请介绍人约翰夫妇出去吃饭。约翰的太太对着我说："我晓得你们才刚刚认识，但我还没见过比你们更般配的一对人。"她拉着我的手说："你得嫁给这个男人才行。"马克点了点头，对我说："听她的准没错，她看人很准！"接着又小声对我说："你惹麻烦了，你惹的麻烦叫马克。"我笑了，反问他："是吗，你这个麻烦要干什么？""你就等着瞧吧。"他说。那晚他送我回家，将车停在我家门口，吻了我。"我知道我是痴心妄想，但我要说，我坠入了你的爱河。"就是那么浪漫。

第二天一早，他打电话过来。我说昨天晚上的话我没听清，他说："没关系，我一个字一个字地再给你说一遍。"

从那天晚上开始，杰姬就觉得自己仿佛坐上了一块飞毯。马克这么快就爱上她，让她觉得飘飘然。

每段恋情都有浪漫的开始

浪漫让你情绪高涨，意乱情迷。恋爱之初，你们仿佛干柴碰到了烈火，真心难以克制。恋爱像是给你打了一针兴奋剂，将你送上了快乐之巅，这是因为你的身体在这个阶段分泌出许多化学物质，能让你容光焕发。

但是，永远的浪漫不过是文人墨客杜撰出来的故事。我们常听人家说，浪漫的爱情有着让女人完整和幸福的神奇魅力。小说、电视和电影推波助澜，更加让人坚定了这一信念。但令人啼笑皆非的是，连最失败的婚姻一开始也可能充满了这种快乐和期许。等到浪漫逝去之后，罗莎琳德原本生意兴隆的古董店濒临倒闭；昔日的财务主管劳拉如今意志消沉，都不晓得能不能再找到一份工作；还有从前教书、学业、抚养孩子都不误的杰姬，现在常常莫名其妙地失声痛哭。当初美妙、令人怦然心动的浪漫爱情究竟出了什么问题？这些女性为什么伤心欲绝、大失所望？

暗藏威胁的浪漫旋风

我认为，一段说来就来的浪漫关系就像一阵暗藏威胁的旋风。这种隐隐的威胁能为爱情增添几分兴奋和刺激。就像骑马，小跑固然惬意怡情，可惜终归少了乐趣。骑马的刺激在于打马飞奔，在于你不知道接下来会发生什么。如果旋风般的激情中再添加性爱作为催化剂，就会发展得更加飞快、热烈。

我们往往不会通过常规的过程去了解新伴侣，再说我们哪来那么多时间！旋风般的激情来得又急又快，只会冲昏两个人的头脑。凡是有损伴侣完美形象的事，我们一概视而不见，仿佛两个人都装了滤镜，双眼只盯着对方带给我们的快乐，却忽略了他的为人。我们还自有一套逻辑：和他在一起的感觉那么好，那他一定是个好人。

旋风般的浪漫关系，虽然刺激，但不过是种被误认为亲密关系的假象。你的新伴侣有许多品质会影响你今后的人生，只是这种品质一时半会儿是暴露不出来的。为了看清他的真实面目，发展一段牢固的关系，你需要花些时间慢慢了解他，敞开心扉，认清他的美德、接受他的缺点。

盲目的爱人们

劳拉和鲍勃第一次见面，就产生了奇妙的化学反应，互相倾慕，但这种倾慕与对方本身是什么样的人扯不上关系。劳拉兴致勃勃地说起的不是鲍勃的性格，而是他的眼睛，关于他的举止、他在餐馆是怎么给她点红酒的，却从没说过："他是一个正派、率真的男人。"鲍勃满足了她心目中的"如意郎君"这个角色，两个人都钻进了自己编织的套子，不能自拔。

劳拉和鲍勃同居后不久，两人之间就暴露出第一个不合的迹象。

有一天他对我说："我忘了跟你说了，我还没离婚呢。"我险些从椅子上一头栽下来，因为那时候，我们正在筹划婚礼！他说："我感觉自己已经离婚了，我觉得离了婚也就是现在这样。"我惊讶得说不出话来，就那么愣愣地望着他。接着他告诉我，离婚手续正在办，他会办好，叫我不必担心。我突然发现，他从一开始就没对我说实话，他已经和我约会了好多次，却对这件事只字未提。但事已至此，要紧的不是他骗不骗我，而是他赶快把婚给离了。

鲍勃的欺骗本该引起劳拉的警觉，她应该好好审视一下他的为人才是，可她却不想看破，还是执意认为鲍勃就是她的梦中情人。

杰姬也早早地见到了苗头。一开始与马克相处，他说了很多自己对女性的看法，但他说的都是对杰姬的阿谀奉承之词，所以杰姬也没觉得有什么不对劲。

他说他以前交往的女人只关心“你能给我什么”，但他发现我和她们都不一样，我只关心自己能给他什么。他说，我好像是上天的安排，来到这个世上独独为了照顾他似的。他说别的女人贪得无厌，只知道一味地索取，为了过上安生日子，他只好避之如瘟疫，但我却另当别论。

马克把天下的女人都归作一类，一概斥之为“贪婪”“自私”“靠不住”，这本身就能说明马克的观念有问题，可惜杰姬却置若罔闻，只注意到马克说她“与众不同”，能让他“过上好日子”。

一件事也早早地向罗莎琳德敲响了警钟，可惜她却充耳不闻。

第一次约会，他到我家来吃晚饭，我们上了床。谁知他在床上的表现却不尽人意，叫人好不扫兴。但我安慰自己说，与新伴侣第一次做爱时不举的男人不在少数，这没什么大不了。第二天早上，我们又做了一次，他稍稍好了些，但我还是看出他有这方面的问题。我自忖我能帮他克服这个障碍，还安慰自己，在夫妻生活中，性不是第一位，对我而言第一位的是吉姆的亲切和他对我的尊重。

罗莎琳德采取了大多数女人的做法：她略过了破坏浪漫画面的不和谐因素。吉姆让她觉得幸福，她就低估了后来严重影响夫妻感情的一个问题。

许多女性不自觉地将两性感情这幅画面分作前景和背景两部分。前景是男人具备的一切优秀品质。这些品质被关注、放大、美化。凡是不利的迹象都被归入背景，忽略不计。

这种现象的一个极端的例子就是那些死心塌地地爱上杀人犯的女人。她会告诉你，他是世界上最优秀的男人，世上只有她才懂他。杀人这种罪行沦为了“无关紧要”的背景，杀人犯外在的魅力却被推到了前景。

人们描述浪漫爱情的最初阶段的措辞就很能说明问题：

- 我就是看不出他哪儿不好。
- 我不想一味盯着他的缺点。
- 我干脆闭上眼睛，希望这次我们俩会不一样。
- 我当初想必是瞎了眼，才没发现他这个毛病！

那个人让你开心的时候，你很容易就忽略了他以前失败的爱情经历、他的毛病和那些不负责任的苗头。一切有损浪漫画面的情况，你都视而不见。

绝望和困惑

在这种畸形关系的早期反复出现的另一个问题是双方潜在的绝望感：他们都生怕失去了对方。

马克告诉我：“我之所以对杰姬态度不好，就是生怕她跑了。”从马克的话中不难看出，他对杰姬的感情除了爱，还包含着一丝惶恐。他说：

我们第二次约会时，我干脆跟她摊了牌。我告诉她我想过什么样的生活，我说我们是一定要结婚的。我问她还有没有别的约会对象，她说有，我叫她断了，因为除了我，她从现在起不能再见任何一个男人。我是认真的，我也希望她能认真。

在杰姬眼中，马克的猴急，证明他诚心诚意地投入了这段感情。

劳拉的遭遇却又是另一番情景。遇到鲍勃的时候，离她三十五岁生日还有两个月。她生在一个传统的意大利家庭，家人催着她结婚生子。相处第一个月，鲍勃就急着结婚，她不仅开心，而且松了一口气。

局外人见到这种闪电般的婚姻，也许要说一句："太草率了吧？"两个人在几个星期内相识、相爱、同居，开始谈婚论嫁，显然不是你爱我、我在乎你、希望在一块儿那么简单。

这些人体会到的是一种高涨的、迫不及待地想尽快融入对方、合为一体的欲望。自我感退居其次，他们开始感受对方的感受。每一种情绪的变化都能传染。工作、友谊以及其他活动往往都退居其次。他们把大量的精力都投入到了爱、被爱、获得认可，以及在心理上融入对方中去了。

恰恰是这种恨不得立即结为一体的欲望，推动着两人感情飞速发展。

拯救感

拯救感恐怕是畸形关系中的另一个重要成分。它构建了一种特殊的关系，让女人觉得这个男人没她不行，仿佛自己成了侠女。

与马克相处之初，杰姬的快乐多半来自她对马克不尽的关怀和母爱。她要为他付出，她的爱将弥合他人生中的一切创伤。她知道，只要她肯付出，他就会发挥潜能，成为一个事业有成、有所担当的男人。她说：

第二次见面，他就对我和盘托出了他的经济状况，我好高兴他能对我坦诚相告。他三十八岁了，没有工作，一心竞选公职。我觉得这没什么，说不定他当选了呢。他和蔼、帅气、讨人喜欢、前途光明，只要我助他一臂之力，他一定没问题。我打定主意，要用爱和支持帮他重振雄风。

杰姬认为，她能用爱转变马克。对许多女性来说，这个信念犹如一针鸡血，让她自以为是女神、大地之母，或是妙手回春的良医。她的爱能抚平他的创伤，他的问题是贫穷、吸毒也好，不满前任也罢，都不在话下。通过支持、帮助和付出，她为自己营造了一种强大有力的假象。另外她心里还有一种英雄主义在作祟：通过拯救一个男人，她显得更加高尚，因为他是在她的帮助下脱胎换骨，成了一名非同凡响的男人。

殊不知，帮助和拯救之间存在着天壤之别。谁没有困难的时候？谁不需要请别人施以援手，帮自己挺过人生的难关？如果你有能力，可以帮助你的爱人渡过经济难关，也可以表示同情和支持，让对方知道你和他风雨同舟。不过，我说的前提是他能照顾好自己，能解决自己的问题。他不过是暂时遇到了困难。你只需要偶尔拉他一把，但不是常态。

然而拯救却是一种重复性的行为。这种男人手头一向拮据，动不动就来找你求助。他工作不定、生活无着，却一味地怪别人待他太刻薄。

我们不妨比较一下这两类男人：

第一类男人：工作一向勤勤恳恳，经济宽裕。他所在的公司被人收购，他被裁员。在找到下一份工作前，他要借点钱渡过难关。他积极找工作，一旦找到，他会将钱如数奉还。

第二类男人：他这辈子没哪一天不缺钱，三天两头跑来找你“救急”。工作从来都不会如他的意，他一贯与老板、上司相处得不好。等他好不容易找到了工作，薪水又少得可怜，根本无法把借你的钱还上。

罗莎琳德认识吉姆的第一晚就注意到他手头拮据，她当即出手给他解围，把第一次正式约会安排在自己家吃晚饭，以此来化解尴尬。没过几个星期，她又叫他带两个十多岁的孩子搬过来和她一块儿住，直到他在一个乐队找到一份稳定的工作为止。“他说我是天底下最好的女人，自从他认识了我，人生发生了天翻地覆的变化。”不久，她就养起了他们一家三口。

起初，吉姆对罗莎琳德感恩戴德，爱她爱得更深。吉姆和许多控制型男人一样，认为她的帮助证明她真心在乎自己。

许多女性享受着伴侣的感激，当真以为对方少了自己不行。这也难怪，帮爱人一把，感受到你的爱和付出改变了他的人生，的确令人激动。他的感恩戴德也许让你感觉良好，渐渐以为这是一份丰厚的回报。

不过，控制型男人并非个个都需要拯救。许多人有不错的工作，收入稳定。其实，这种男人越是事业有成，越是认为他生命中的女人要依靠他。只有那些一事无成又大男子主义泛滥的男人才期待被人拯救。他的一事无成表现在许多方面，比如手头拮据、吸毒、滥情、赌博，或者守不住一份工作。这种男人经常向别人发出求救信号。许多女性，尤其是有着自己事业的女性，听到信号后往往会带着救生工具匆匆赶过来，殊不知，一个回头浪反而搭上了自己的幸福。

并非每一段炽热的爱情都以畸恋告终，激动人心的爱情也常常会有好结果。不过，除了开心和浪漫外，如果你对我上面提到的其他成分，比如拯救感、一丝惶恐和绝望、亲密关系发展得太快等，故意视而不见，那么，你最终会被推向波涛汹涌的苦海。

第二章
当蜜月结束时

让你的“如意郎君”暴露出邪恶一面的，往往是一些看似不起眼的小事。它们会让女性一时摸不着头脑，不晓得对方为什么突然之间失去了魅力，变得脾气暴躁，让你独自背负无端的指责。

劳拉在平安夜遭遇了第一次变故，那时候，她和鲍勃同居刚刚四个月。她是这样说的：

那晚我包礼物一直包到深夜，他说他困了，要我陪他一起睡。我说你先睡，我一包好就去，谁知他顿时发了脾气。他要我立刻上床。那晚我们已经亲热过了，所以我明白他不是为了那个。我没见过他发那么大的脾气。还没等我回过神来，他就冲我大吼大叫，骂我自私自利，然后气冲冲进了卧室，狠狠摔上了门。那响动仿佛整栋楼都在抖。我坐在那儿，整个人都没了主意，不知道该怎么办。最后我把这事归结为过节了，他压力太大的缘故。

劳拉一心只想着鲍勃给她留下的好印象，不肯承认他发脾气是一个危险的征兆。如果她没有一味沉醉于浪漫的爱情，说不定能冷静冷静，从这件事中看出鲍勃脾气暴躁。这是一个非常重要的信号，甚至会影响她的人生。谁知她非但没有警觉，看出爱人的爆发纯属幼稚和喜怒无常，反而找出种种借口替他开脱，将他的不合理行为合理化。

将不合理行为合理化

当某件事让我们不舒服时，我们就会将它合理化，将接受不了的事变得可以接受。那些原本令人伤心的事，只要给它们找一个“好理由”，我们就可以坦然面对，不会再茫然无措甚至心怀恐惧。合理化和我在第一章探讨的视而不见不是一回事。合理化是我们看见了情况，也承认它有煞风景，我们不是否认确有其事，而是将它重新定义，换个说法。

吉姆搬到罗莎琳德家不久，她就开始为他许多不负责任的行为开脱。她告诉我：

吉姆总是找不到有偿演出的机会。他在许多乐队待过，可惜那些领队对爵士乐简直一窍不通。就音乐本身来说，我知道吉姆是对的，但出于经济考虑，我希望他能放下架子，多些宽容。

罗莎琳德替吉姆无法找到一份稳定的工作找了个很好的借口。其实，吉姆脾气暴躁，常在工作中顶撞权威人士。但她却每次都认为是领队不懂音乐，不怪吉姆的人品。

以下是女人们千方百计替伴侣过去和现在的行为开脱的几个例子：

•对，他结过三次婚，不过只有我才最了解他。

•他做生意好几次都失败了，但都怪合伙人不厚道，把他的钱坑得精光。

•他说了他前妻不少坏话，但这也怪不得他，怪只怪她贪得无厌、自私自利。

•我知道他贪杯，但他不是正官司缠身嘛，等官司了结，他会戒酒的。

•那次他冲我大吼大叫，真把我吓坏了，但那不是他眼下压力大嘛！

•我说他不对，把他气坏了，但话又说回来，谁会喜欢有人跟自己作对呢？

•他发脾气，我真怪不得他，你瞧他小时候过得也够可怜的了！

当一个女人说到伴侣大发脾气，又加上一句“他不过是因为……”时，她就是在将他的行为合理化。

谁也不见得天天都有好心情，谁都会偶尔发个脾气，我们不能指望自己时刻温和谦让，也不能去苛求别人。当然，我们偶尔也要善解人意，理解自己的爱人有时压力太大，或对某些问题格外敏感。我在这里探讨的不是一贯和善、彬彬有礼，只偶尔发个小脾气的男人。这种男人事后会勇于承担责任，真心后悔自责自己不该把爱人当作出气筒。

控制型男人却另当别论，对自己的突然发作，他不会有丝毫的悔意，而被他伤害的女人却在千方百计地为他越来越频繁的发作找理由开脱。

合理化是人的本能反应，并不是什么严重的问题。但是当你习惯性地将伴侣的不合理行为合理化，那就真的成为问题了。随着他发脾气的频率越来越高，你也要越来越多地为他开脱才行。

双面人

如果一个男人整天发脾气、对伴侣横挑鼻子竖挑眼，那么谁都有失去耐心、懒得再替他开脱的一天。但事情往往是，一通“狂风骤雨”过后，他又是当初那个帅气、可爱的男人。这样的好时光让你拖定了一个错误的信念——不愉快的日子只是一场噩梦，那并不是他的“真面目”。他浓浓的爱意让你又有了盼头，希望从现在起，一切都会好起来。可惜你拿不准他什么时候会再发作，因为他每次发作表现都不太相同，这种行为正反映了英国作家罗伯特·史蒂文森（Robert L. Stevenson）在其经典小说《化身博士》（*The Strange Case of Dr. Jekyll and Mr. Hyde*）中刻画的人性的光明面和阴暗面，我称这种人为“双面人”。

鲍勃在平安夜发作后，劳拉一时没了主意，不知该如何与他相处。他还是那么帅气、热情似火，但他在生活中却越来越多地表现出他的另一面。

有一天晚上，我们大吵了一架。我累了一天，浑身像散了架，本想睡个安生觉，但他偏要和我亲热。我好言跟他说，但他偏不听。他胡思乱想，说我嫌弃他，玩弄了他的感情。他越说越气，突然腾地跳下床，把衣柜门捶了一个大窟窿。我吓坏了！我告诉他我受够了，他却突然放声大哭，接着又抽抽搭搭地跪倒在我的脚下。他说他愿意改，只是最近压力太大，求我理解他眼下的处境。我一时糊涂了，不知如何是好。他哭着爬到我的腿上，赌咒发誓说我是他这辈子最爱的女人。我只好搂着他，好言安慰他。说着说着，我们又亲热了起来。我认定，我们过了婚姻中最难的一道坎，从今往后，一切就都顺利了。

劳拉仿佛坐上了她控制不了的跷跷板，一会儿沐浴着鲍勃浓浓的爱意，一会儿承受着他说来就来的坏脾气。

这种阴晴不定的情绪叫人不知所措。你惶惶不可终日，因为你不知道下一刻会发生什么。这好比迷上了赌博：偶尔赢一回，但输的时候居多。你的心悬到了嗓子眼儿，但还抱着大赢一把的指望，赖在赌场，不肯罢手。

与此同理，鲍勃举手投足间都透出对劳拉的爱意，劳拉不禁认为，他的坏脾气不过是暂时的，那时的他不是真实的他。他的矛盾行为和变幻莫测的脾气像个钩子，把劳拉钩得死死的。

到现在为止，我们探讨的虽然是控制型男人的行为，但造成这个局面，女性的参与也是一个关键因素。一旦有些女性接受了对方的贬低和侮辱，其实就是为进一步的伤害打开了方便之门。相比劳拉的唯唯诺诺，我的一位朋友凯蒂就很懂得自我保护。

我就遇到过这种男人。那次我们相约去墨西哥。他一会儿是位魅力先生，我们玩得非常尽兴；一会儿就成了恶魔，凶相毕露。他认为我给出租车司机的小费太多，就站在大街上凶我。我不知道他当时是怎么想的，连那点小钱都想省，但他那么对我，真是找错人了。我直言不讳地告诉他，如果他再敢这样对我，可别怪我翻脸。他好了一两天，就又犯了老毛病。我说到做到，当即跟他分了手。

劳拉就不同了，她的反应实际上是在告诉鲍勃，她能容忍这种虐待。鲍勃事后的赔礼道歉和表白平息了劳拉心中的愤懑，使她相信他是发自内心的悔恨。也许那一刻他确实觉得过意不去，懊悔不已。如果他之后的态度真如他所表白的那样，劳拉也就没现在这份苦恼了。但他的懊悔并没有持续多久，仅够拖住她罢了。下一次爆发一定会接踵而至。

一旦你接受了一个双面人——一时恶言恶语，一时赔礼道歉，一时勃然大怒，一时风度翩翩，你恐怕就永无宁日了。

都是我的错

我们不妨看看这个逻辑：既然他可以这么完美，那如果出了什么事，就一定是我的问题。控制型男人一再对你说“你要是不这么做”，或者“要是你能改变态度”“要是你能……”“要是你能不再……”，他肯定不会再发那么大的脾气。如果你也这么想，那可就糟了。

劳拉回忆道：

只要我不按他的要求去做，他就会说：“你自私，你不懂得付出！”他还说我没结过婚，怎么懂得与人分享，又怎么懂得如何与伴侣相处。他结过婚，想必更懂得分享。我估计他说的也许是对的，也许的确是我自私。从那时候起，我就开始怀疑我自己。

鲍勃句句都戳中了劳拉的软肋，他把责任成功地推卸到劳拉身上。

控制型男人并非个个都像鲍勃一样脾气暴躁、吹毛求疵。他也会用转弯抹角、令人费解的方式表达失望，但一样咄咄逼人。我接待的另一位来访者便是一例。

葆拉和格里是在上大学的时候认识的。结婚十八年来，他们养育了四个子女。葆拉来找我的时候刚刚四十岁出头，她有着一头黑色的秀发，一双会说话的大眼睛，身材高挑，是个长相甜美的女人。她告诉我，早在两人订婚后不久，格里就对她横挑鼻子竖挑眼，从一个体贴的男朋友一下变成了一个唠叨个没完的牢骚鬼，这种落差叫她一时没了主意。

那时候我们已经订了婚。我们一起去听查克·贝里（Chuck Berry）的音乐会。我想听听他唱歌，谁知格里却一个劲儿地挑毛病：

音乐太差劲了，低俗至极，他实在搞不懂我为什么来听这种连没脑子的人都不愿听的音乐……他一口一个我没品位、没文化。他眼神异样地盯着我，好像我是刚从山洞里爬出来的野人。我知道他说的是对的，但我还是喜欢听陪伴我度过青春岁月的音乐。也许我压根儿就没什么长进，也许我压根儿不能与他相比。我就是个乡巴佬，品位粗俗。

葆拉自认为错在自己，说自己是个“乡巴佬”，认为格里有着深厚的文化底蕴。格里让她始终相信他智力超群。

劳拉也和葆拉一样，很快就一本正经地告诉我，她的确“自私、娇气，不愿真心为别人付出”。

我告诉劳拉，她对自己太苛刻了，又问她怎么会有这种想法，她说：“鲍勃这样说的呀，他说得没错。我自私自利，他怎能不生气。”

葆拉和劳拉都为伴侣的精神虐待开脱，把责任一股脑儿地揽到了自己身上。她们深信，只要找到那把“魔法钥匙”，也就是那些能取悦伴侣的“得体的”举止或态度，她们就能挽回伴侣的心，让他好好地对待自己。就好像葆拉和劳拉说的：“也许我只要对他言听计从，一切就都会好起来。如果一切都是我的错，只有他才能发现我错在哪儿，那么，只有他才能帮我改正缺点，让我成为一个优秀的女人。”

可惜控制型男人的脸像六月的天，说变就变。今天讨他欢心的东西，说不定转天就让他厌烦。你吃不准什么东西一下子就惹得他大发雷霆。为了取悦他，你成天挖空心思。

罗莎琳德一直体谅地听吉姆控诉那些麻木不仁、不懂音乐的乐队领队，谁知没过多久，他就掉转矛头，把她当成了出气筒。

我请他有话直说，帮我改掉我身上的缺点，免得他再大动肝火。他自然是欣然应允，可是不管我怎么改，他都会突然发脾气，因为我总是犯错。

罗莎琳德和吉姆发现了一个将他们紧紧拴在一起的共识：只要两人闹了点不愉快，就都是她的错。

他的失望

蜜月期的结束不是单方面的结束。不会一个人回家了，另一个还继续待在尼亚加拉瀑布。因此，当许多女人为两性关系的变化困惑不解的时候，男人也仿佛被兜头泼了一盆凉水。他一开始认为她十全十美，这时候难免大失所望。用杰姬的话说：

马克对我说过，如果让他描绘一个完美女人是什么模样，他肯定会说是我，不用修饰，无须添油加醋。我就是那么完美，毫无瑕疵。

马克的一番话，让杰姬心里很是受用。因此，她看不清这番话潜在的危险也自在情理之中。其实，马克并没有把她当作一个常人，有着人人都有的缺点，而是把她奉为心目中的女神。当然，他希望杰姬永远不变，没有瑕疵。

你应该是完美的

我们在前文中介绍的南希和杰夫，大家都还记得吧？他们交往了六个月，接着发生了下面这个小插曲。

那晚我们去听音乐会，过得非常开心。音乐会结束，我们坐在座位上，等着过道上的人潮退去。我刚一起身，他就说：“你急什么急啊？”

接着就冲我发火。他吼道："我说走你才能走！见鬼，你就爱出风头！"他大发雷霆，我听了莫名其妙。接着他撇下我，径直走了出去。这还不算完，回家的路上，他没完没了地数落我，把我吓坏了，一时不知该怎么办。估计我肯定犯了什么大错，不然谁会无缘无故地发那么大的脾气呀！

南希想错了，控制型男人确实会无缘无故地发那么大的脾气。哪怕为了针尖大的一点小事，他也能大动肝火。他夸大其词、虚张声势、小题大做。也许是伴侣忘了去取干洗的衣服，也许是烤煳了面包，也许是卫生纸没了。他会抛下一贯斯文的风度，好像她犯了弥天大罪。比如音乐会结束，南希先他一步起身就足以惹他动怒。可南希的态度却截然相反：她想息事宁人。她接受了他的无理取闹，还为他的所作所为开脱。令人啼笑皆非的是，他为了一点小事大为光火，她却夸大了自己的罪过，为他推卸责任。

南希告诉我，杰夫一向明白无误地告诉她，两人到了这个地步，全是她的错。他说他对南希心灰意冷。她变了，不再是他心目中的她。他感觉自己受到了欺骗。他当初爱上的完美女人究竟去哪儿了？

你应该精通读心术

控制型男人希望用不着他明说，女人就能了解他的心思和感受。他希望她能想他所想，将满足他的需要当作自己人生中的头等大事。只有能读懂他的心思，才能证明你爱他。他会说：

- 如果你真爱我，难道不明白我的心思？
- 如果你不是只顾着自己，你应该知道我想要什么。
- 如果你当真在乎我，应该知道我累了。

• 如果我的需要对你来说算个事的话，你应该知道，我压根儿不想去看电影。

“你应该知道”这句话的言外之意，是你应该有火眼金睛，一眼看穿他的想法和希望。他没义务说出来，明察秋毫可是你的责任。一个女人要是没这点特异功能，只能说明你无能，日后只会成为他指责你的把柄。

你就应该一味地付出

典型的控制型男人指望伴侣是一眼永不枯竭的源泉，为他奉献一切，爱他、崇拜他、关心他、支持他，还要挣钱养着他。在这段关系中，他就像一个饥饿、苛刻的婴儿，无声地要求对方奉献一切，满足他的所有需要。

杰姬嫁给马克后不久，就发现他撒了谎，有几张重要的账单他根本没付清。他本该负责一家的生计，却没有做到。她刚问起这件事，他就发起了火。

他说我不爱他、不了解他，还说我瞧不起他、不支持他。他有好几个朋友还不如他，每天晚上喝得醉醺醺地回家，欠了一屁股债，可人家老婆却一如既往地爱他们、支持他们。我怎么就不学学人家？他说我是一个恶婆娘，竟敢拿几张账单来盘问他。

按马克的观点，不论他做什么，杰姬都不该吵、不该问，除了无条件地爱和付出，其他一概不能管。他认为自己有爱心、有同情心、慷慨大方。他希望他心中的完美女人也有同样优秀的品质，一旦他发现她与心中的期望相去甚远，就会感觉自己受了骗，继而对她心生不满。

你应该是我的贤内助

再说罗莎琳德的先生吉姆，他没把她看作一个独立的人，有着自己的需要和情感。他告诉我：

我以为她很坚强，后来有一次，大清早的，她哭得像个孩子。活见鬼，真叫人扫兴。我简直不敢相信眼前的她是我深爱过的那个女人！

罗莎琳德确实是一位坚强、有能力、有实力的女性。不过，和别人一样，她也有不如意的日子。当她勇敢地展现脆弱一面的时候，吉姆表现出的竟然是嫌弃和轻蔑。她告诉我：

那是他第一次见我情绪失控的样子，他的反应叫人更加崩溃，说什么“你怎么哭成了那样？你哭成那样怎么能处理得了事？”。我当时难过得不能自已，生怕他摔门出去，不要我了。最后还是我向他道歉才了事。后来我仔细回想当时的过程，但怎么也想不通，他为什么不能把我当作一个有喜怒哀乐的正常人看待。

由于掉眼泪，罗莎琳德在吉姆心中完美女性的地位一落千丈。在吉姆看来，她已经失去了享受他厚爱的资格。

理想化是一把双刃剑。被另一半奉为“完美女神”的感觉的确美妙，却也会蒙蔽女人的理智，让她忘了自己注定要失败。她不可能在“女神”的高位上一直坐下去，永不出错。只要她心情不好，或是做了他不喜欢的举动，他就会把这看作她的缺点。说白了，他找的是一位女神，你达不到这项工作的要求，令他大失所望，就成了他不再爱你，对你横挑鼻子竖挑眼、百般指责辱骂的借口。

许多女人对控制型男人最初的失望往往都来得非常早，基本在两人确立关系的早期。不过，由于太过兴奋、太过浪漫，突如其来的失望很容易被忽视。即便她们察觉过一丝异样，也不过是美妙恋情交响曲中一个刺耳的小音符。

控制型男人性情暴躁的早期症状并不明显。一旦你们确立了关系，爆发就成了一种常态。这里的“确立关系”可以是一句口头承诺，也可能是同居、订婚或结婚。一旦他认为自己已经“占有”了你，就会立刻换一副嘴脸，对你的控制就开始了。

第三章
他们是如何取得控制权的

蜜月临近尾声，控制型男人第一次伤害爱人自尊的时候，他不过是在试水。如果第一次冒犯没有遇到她的反击，那么，她就在无意中纵容了他的行为。

我一再对前来求助的女性重复一句话：千万不能妥协，否则他会得寸进尺。

爱情协议

确立关系之初，控制型男人会频频做出类似的试探。他会不断寻找自己可以为所欲为的边界，虽然有时他自己都没有意识到。遗憾的是，他的伴侣却常常以为当他伤害了自己时，不去反抗或质疑他的行为，才是爱他的表现。落入这个圈套的女性不在少数。我们从小接受的教育是“爱能感化一切”。我们只要得到一个男人的爱，从此就能过上幸福快乐的生活。为了获得那份爱，我们必须具备一些美德，比如“息事宁人”“宽容忍让”“主动道歉”和“温柔体贴”等。结果证明，恰恰是这些“美德”助长了控制型男人虐待伴侣的气焰。

这就好比你和控制型男人订了一份口头和非口头的协议。口头协议是：**我爱你，我希望和你在一起。**非口头的协议来自我们内心深处的需要和恐惧，对我们有更大的影响力和约束力。在这份非口头协议中，关于你的条款是：**我的安全感全部来源于你的爱，为了得到那份爱，我愿意百依百顺，放弃自己的需要和希冀。**关于他的条款是：**我的安全感来源于一切由我说了算。**

他必须说了算

在任何关系中，都有权力之争。夫妻之间常常为了钱、抚养孩子、去哪儿度假、多久看一次公婆或岳父母、谁的朋友素质高、与什么人交往等问题争个不休。虽说这些问题有可能会引起矛盾，但只要两人本着相互关心和尊重的原则，都能商量着解决。

不过，在控制型男人眼中，协商与妥协是不存在的。如果说这是一场你死我活的较量，那他非赢不可，她则必须缴械投降。这种权力失衡是这种夫妻关系中的一个永恒的主题。

妻子的所想、所感、所做、与谁交往，一切都要由控制型男人说了算。难怪为了换取男人的爱和认可，连许多事业有成、精明强干的女人都不承认自己的才智和能力。

当然，没有人能绝对控制另一个人。因此，控制型男人的诉求往往不能得逞。于是，他会产生挫败感和愤怒情绪。有时候，这种愤怒能被他巧妙地掩饰过去。但有些时候，这种愤怒就会以精神虐待的形式体现出来。

我为什么要用“虐待”这个词

现在，心理健康领域对“虐待”一词的定义涵盖了精神虐待和身体虐待。**凡是通过恐吓、羞辱、语言或身体威胁来控制他人的行为都属于虐待。换句话说，不是非得挨了打才叫受到了虐待。

身体虐待的武器是拳头，精神虐待的武器是言语。两种虐待的唯一区别是采用的手段不同。

提到“虐待”这个词，我会慎之又慎。亲密关系中偶尔爆发的坏情绪，或是在气头上说的难听话绝不是虐待。我所说的虐待，指的是亲密关系当中的一方对另一方持续不断地进行伤害。长期的言语虐待会对一个人的心理健康造成巨大的影响，却始终没得到应有的重视。许多前来咨询的女性常对我说：“至少他没动手。”我告诉她们：“结果还不是一个样？你还不是战战兢兢，你还不是孤独无助，你还不是痛苦烦闷？唯一的区别是他们用的不是拳头，而是言语。”

通过精神虐待控制女性

控制型男人有很多精神虐待的招数，比如侮辱、中伤以及威逼利诱，其目的无非是让女方自认为无能、感到不安。大吼大叫、威胁吓唬、大发脾气、骂人、横挑鼻子竖挑眼也是他们惯用的伎俩。这些攻击手段直接、明显，有着很大的杀伤性。

含沙射影

为控制女方，控制型男人采取的一个最具威慑力也最有效的招数是，含蓄地威胁对方自己要对其动手。杰姬的父母珞琳和奈特的婚姻当中就充斥着这种手段。

奈特是位事业有成的商人，深受员工的爱戴和尊敬。珞琳是位贤惠的主妇，在家操持家务，抚养两个孩子。结婚三十五年来，奈特采用极具威慑力的手段操纵着珞琳和两个孩子，这些招数外人从没见过。珞琳回忆说：

他妹妹就住我们家隔壁，我们非常要好。一天晚上，我穿上新衣服，戴上新帽子，和她一起去看电影。回来的路上，我们错过了公交车，所以回家时间比我事先告诉奈特的晚了半个多小时。我一进家门，就见他上蹿下跳，连我一句解释都听不进去。他一把扯下我的裙子，拽下我的帽子，拿剪刀剪了，似乎这样还不解气，又把我的新衣服扔进火炉才算完事。我当时恨不得想死。我吓坏了。

奈特大发脾气不是偶尔为之。只要珞琳的行为惹奈特不高兴，就会出现这一幕。

我不是说，奈特这样的男人是成心给妻子颜色瞧，就算最恶劣、最暴虐的行为也多半出于一时冲动、丧失理智。但话又说回来了，不论什么恶魔在心里作祟，成年人都要对自己的行为负责。用珞琳的话说：

我经常求他别那样对我，我都快被吓死了。他说那次我回来晚了，他那么做是担心我的安危。他还说，那么做都是因为太爱我了。但不出一个星期，就因为我烤煳了面包，他把厨房里的碗碟砸了个精光。

在珞琳看来，奈特距离对她动手只剩下一步之遥。他的言外之意明摆着是："今天砸碗碟，明天瞧我不打断你的胳膊！"他用不着动手打她，变相的威胁就足以将她牢牢地控制在手中。

言语攻击

并非每个人都会采取这么激烈的攻击方式，像珞琳说的那样剪衣服、摔碗碟。许多人只是大吼大叫，但鉴于当事人嗓门大，且饱含怒气，常常会很吓人。其实，人们多半不会应对愤怒情绪，包括他们自己的。一旦有人冲你发火，气氛就会变得极度紧张。至于控制型男人，他们的大吼大叫中常常包含着对你的侮辱和指责，让人更加痛苦。这种言语攻击的威慑力和精神伤害并不亚于说要打你的口头威胁。

对杰姬来说，为了苦苦撑起一个家，她又要教书，又要获得一个高一点的文凭，这时马克的言语确实非常伤人。

为了写一门课的论文，我真累坏了。那段时间接连下了一个星期的大雨，结果车库就被淹了。那天我正在用打字机写论文，马克走了进来，说要带我看样东西，我乖乖地跟着他来到车库，发现水把我存在那儿准备捐给慈善组织的几箱衣服给泡了。他破口大骂："你个没脑子的傻瓜！成天就知道坐在那台破打字机前打字，根本不管这个家！为了这个家，我有多辛苦，你知不知道！"他在那儿喊，我却慌忙从水里抢出那几箱衣服。他见我不吱声，又冲我吼道："你以为这是什么宝贝吗？你只想着别人，连家都不管了，你以为你有多了不起！"我抱着从水中抢出的几箱衣服，回到屋子里，他一路跟着我，吵个不休，我躲都躲不开他。我心里乱极了，都没心思坐下来接着写论文，手也止不住地哆嗦。

马克对杰姬人格的侮辱，恶劣程度并不亚于奈特对珞琳的指责，只不过没有扬言要动手罢了。

冷嘲热讽

控制型男人并非个个都气势汹汹、扯着嗓子恶语相向。他们也会用冷嘲热讽、横挑鼻子竖挑眼、找对方碴儿的方式折磨人。这种精神虐待格外隐蔽，因为它往往打着教育女人如何为人处事的幌子。

还记得第二章提到的葆拉吧？我认识她那会儿，她的打扮一向得体，无可挑剔，还有本事把几块再平常不过的布头搭配成一件令人眼前一亮的衣服。但她那位心理学家丈夫格里却偏偏对此不屑一顾，一再贬低她的品位、外表和性格。她告诉我：

他不希望我穿蓝牛仔裤，连在家里穿也不行。他说："你那颜色不搭调，看起来真别扭。"那天他找了我一个下午的碴儿，我忍不住哭了起来，他却说："你怎么啦？我告诉你是为你好啊！"我做什么都不如他的意。我喜欢看老电影，被他说成肤浅。他还说我幼稚，净看些没用的书，还说我没用，帮不上他的忙。我使出浑身解数迎合他的口味，可到头来却都是枉然，反正没一件事中他的意。

葆拉爱慕格里的才智和学问。两人一开始相处的时候，她无比开心，满以为他会让她"脱胎换骨"，变成一个成熟的女人，更配得上他。格里的确给葆拉提过不少中肯、合理的建议，可越是这样，她越是分不清他是在冷嘲热讽，还是在给出中肯的批评。

格里是典型的专家型控制者，他们往往从事咨询工作，深受别人的尊敬或崇拜，喜欢打着"改造女人，让她们更优秀"的幌子来挑伴侣的毛病。这种男人往往是医生、律师、教授，或者像格里一样的心理学家。在扮演"批评者"和"导师"的角色时，在行业中的声誉给他们增添了一份可信度。

这类控制型男人常常以伴侣的老师和领导者自居，不过，就算伴侣千方百计按他的要求转变，也从来没有做对的时候。

这种批评好比是滴水穿石：最初几滴没什么要紧，但久而久之、日积月累，便会在石头上留下深深的、抹不去的沟痕。与此同理，控制型男人没完没了地批评和找碴儿，也渐渐毁掉了伴侣的自信和自我价值感。

只要你掌握了方法，要分清上文探讨的这类精神虐待其实不难。

但还有一些虐待的表现却隐蔽得多，它们甚至会毁了女性清醒思考的能力和判断力。我把这种难以捉摸的手段叫作“煤气灯术”，它让你怀疑自己的观点，甚至怀疑自己的神志是否清醒。

“煤气灯术”

如果喜欢老电影的话，你大概看过查尔斯・博耶和英格丽・褒曼主演的《煤气灯下》(*Gaslight*)。博耶扮演了一位看似对妻子忠贞不渝，实则采用种种阴谋手段，妄图逼疯妻子的丈夫。他藏起她的首饰，硬是让她以为丢了，或忘了放在什么地方；他从墙上取下一幅画，但硬说是她取下的。这些行为让妻子自以为神志不清，差点摧毁了她的心智。“煤气灯术”指的就是用不易察觉的手段逐渐操纵另一个人。电影中的男主人公为了得到藏在家中的财宝，蓄意地、有条不紊地施展招数。控制型男人则不同，他的行为没有经过周密计划，但他的暴虐程度并不比片中的男主人公好到哪里去。

矢口否认

让一个人怀疑自己记忆和认知准确程度的方法有很多，最老套但直接的手段就是对其肯定的事情矢口否认。控制型男人就常常让伴侣相信自己受到伤害的事情并没有发生过。

还记得杰姬说的水漫车库的故事吧，马克是怎么对她张口就骂的？事后不久，马克应我的要求来见我。我问起那段经历，他是这样回答的：

> 不记得了。我不晓得她说的是什么事。说真的，我不会去记得这些小事，她却把这些事看得很重，甚至重过我们在一起的快乐时光。你说说，她偏偏要记住这些不开心的小事，这又何苦呢？！

按马克的观点，他不记得的事，一概不存在。

如果这个控制型男人碰巧是个酒鬼或瘾君子，那么健忘就更成了他得心应手的惯用伎俩，酒或毒品剥去了文明的假面孔，让他变得肆无忌惮。酗酒和吸毒亢奋的时候，人往往脾气暴躁、不讲情面。但是，他们第二天却有本事将自己前一天的举动忘得一干二净。“真的，我昨晚喝高了，发生的事一点都不记得了”是矢口否认的一个标准的套路。

矢口否认这一招最叫人郁闷的是你对它无计可施。人家一口咬定这事压根儿没发生过，你还怎么解决问题？

篡改事实

有时，控制型男人对发生过的事倒不会矢口否认，而是会篡改事实，使之符合自己的视角。当然，同一件事在两个人记忆中的版本不可能一模一样，但在控制型男人的版本中，事实却有可能被大肆篡改。劳拉说了一件发生在她嫁给鲍勃的前一天晚上的事。

我们说好了，结婚前最后一晚我在朋友家过，第二天在那儿举办婚礼。我和他说得好好的，一切也安排妥当了，朋友也在等着我。鲍勃回到家，见到我的手提箱，问我去哪儿。我说不是说好了吗，我要去乔伊和贝蒂家。他上下打量着我，仿佛我得了失心疯。“我可没答应！”他说，“谁说你可以去啦？”我说：“不是我们俩商量好的吗？”他说：“你要认为我说过这种事，我真要担心你了，我绝不可能答应的呀。这是我们结婚前共度的最后一晚！”这时我完全蒙了，难道我当真听错了？

对鲍勃和许多控制型男人来说，事实如同泥巴，可以根据他们当时的心情或需要随意捏造。

推卸责任

与“煤气灯术”相辅相成的一个招数是推卸责任。控制型男人一贯认为，就算他表现欠妥，那也是你有错在先。这类男人动之以情、晓之以理，让你相信是你做事欠妥，才惹得他们失态，他们情有可原。借这一招，他们将责任推卸到你的头上，从两个方面保护了自己：首先，他不必承认自己在这个问题上应该承担的责任，免得良心不安；其次，他让你相信，你的性格缺陷才是你们闹别扭的真正根源。凡是对他的指责或质疑立刻就变成了你做事欠妥的证明。

推卸责任这一招一般出现在你和他刚开始相处的时候，之后愈演愈烈。就说鲍勃和劳拉吧，他找不到工作，反而成了她的错。

我俩结婚两个月后，鲍勃又丢了工作，好长一段时间他都没再主动去找。后来，他获得了一次面试机会，应聘的是一个听起来大有前途的好工作。那天下午面试回来，我问他：“你应聘成功了吗？”他说：“成功了，但我没干，因为薪水太低，满足不了你这个爱钱的女人。”他说的意思是我爱钱，不爱他。当然，我的确整天忙工作，但按他的说法就成了我不管他、不支持他，他还说什么我不向着他，我真是冤枉死了！

鲍勃推脱了自己的责任，他不必认为是自己无能，找不到工作，反而怪妻子爱财如命，这让劳拉非常郁闷。

格里推卸责任的一个极端例子，是他跟女病人有染，而且不止一个，被葆拉发现后，他还美其名曰自己是在帮她们克服性压抑。最后，一名病人举报了他，职业心理学委员会吊销了他的行医执照。葆拉不仅没怪他，自己又出去挣钱养家，而且还承担了他的罪过。葆拉告诉我：

他丢了行医执照是我不好。如果我是个好女人，他就不会去拈花惹草。我对他不够温柔，没有对他嘘寒问暖。

听到葆拉说这番话，我简直不敢相信我的耳朵。格里作恶，害了那么多女性的人生，葆拉却把责任一股脑儿地揽到了自己头上！当然，葆拉不过是将格里的话对我复述了一遍，但她自己深信不疑。

请记住，在与控制型男人的情感关系中，只要出了问题，双方都将原因怪责到女性一方。葆拉会心甘情愿地接受格里推到她身上的罪过，是因为性对她来说是一块不可触碰的心病。小时候，葆拉的父亲对她的身体和精神进行过摧残，这些创伤给她留下了挥之不去的羞耻和愧疚感。长大后，她始终认为自己是个坏女人。在这个背景下，她深爱的男人指责她，说她不够女人，她哪有不承认的道理？

葆拉不怪格里丢了行医执照，劳拉也不怪鲍勃无能，找不到一份工作。但鲍勃和格里都掌握了利用妻子软肋或痛处的诀窍。凭着推卸责任这一手，他们逃过了自认无能的尴尬。葆拉和劳拉可悲就可悲在，她们靠承认过错"证明"她们的爱。问题是，她们证明爱的程度永远赶不上他们挥霍的程度。

不许喊痛

要想证明你的爱，你还得逆来顺受。他骂人的时候，你只要哭一声或回句嘴，那往往就是火上浇油。他认为你的反应是在向他发难，更加证明了你无能、没用。序言里介绍的那位时尚助理南希告诉我：

他冲我嚷嚷的时候，我常常对他说："求你别嚷嚷了，你冲我嚷嚷，我很伤心，你知道吗？"我要是哭了，他就更来劲了，说："你瞧！

咱俩调个个儿，算我的错好了吧，省得你听我批评！”他就是这样，如果我伤心落泪，受的气就更多。

在杰夫看来，攻即是守。靠颠倒是非这一手段，杰夫能将南希变成坏人，他自己却成了受害者。

许多控制型男人常常通过转嫁责任来反败为胜。他们常常说“你太娇气了”“你反应过激了吧”“你就是听不得别人的批评”……或者简单的一句“你真不可理喻”。他们颠倒黑白，这样就不必承担自己给伴侣造成伤害的责任。控制型男人宁愿把责任转嫁给对方，也不愿承认他给伴侣带来的痛苦。

当很多女人遭到伴侣的非难，却又不能表露自己内心的苦闷或伤感时，她们势必要压制自己正常的感情。但感情终归需要宣泄和表达。一旦不能直接抒发，这些情绪只好另寻表现的方式——往往是不利或有害的方式，比如生病、无精打采以及抑郁（见第八章）。

靠武力控制

由于强烈感情的积累，至亲至近的人之间的暴力比陌生人之间的更伤人、更难以预测。在某些情况下，控制型男人往往出手狠毒，其中最重要的一种情况是酗酒。酒降低了人的自制力，刺激人去宣泄冲动。“喝醉了”还给很多男人提供了一个用武力宣泄愤怒的借口。

家中发生变故，也会增加男人动手打老婆的风险。妻子怀孕、父母亡故、失业、搬家、生病、经济状况恶化等压力事件也常常会引发身体暴力。

如果控制型男人自认为有可能失去他在乎的东西，继而有可能让他有失体面，理性的天平就很可能向武力倾斜。比如，一名家庭主妇在家待了好些年后找到了一份工作，或者重返学校，又或者交了新朋友，让丈夫觉得地位受到了威胁，或是被冷落了，他说不定会靠吓唬和威逼来千方百计地控制她。如果还不成功，他也许就会诉诸武力，认为只要震住她，就能牢牢地把她攥在手心里。

怎样判断心理虐待即将升级为武力

极端的妒忌和占有欲常常会导致这种危险。如果仅仅因为迟到这类不足挂齿的小事，你动不动就遭到他没完没了地指责、监视、跟踪、盘问，或是要应付他的过激反应，那么，你千万要当心。如果仅仅因为你在一次聚会上与另一位男士说了几句话，他就大为光火，你也不能掉以轻心。这种猜忌恐怕是一个施暴的征兆。

如果他威胁说要打你，就算仅是说说而已，你也不能掉以轻心。如果他已经在计划如何报复你，或是用暴力来控制你，那你就一定要给自己留条后路了。因为说不准他什么时候要动粗，所以你要做好这样几种准备，比如：

- 备点私房钱。
- 找一个安全的住处，能让你和孩子暂时避一避风头。
- 想好可靠的逃跑方式，能让你随时撤离。

你最好能有可以求助的家人或朋友。不论采取哪种备选方式，有一点是肯定的：只要他动粗，你就必须逃出来，哪怕这意味着你要离开漂亮的家，甚至住到受虐女性收容所去。

控制型男人的终极控制手段是要求女性为了证明她的真爱，放弃她与众不同的特质，放弃她的一部分重要的本性。为了让两人维持和平稳定的关系，控制型男人要求伴侣必须缩小自己的世界。

限制你的世界

这个过程一开始不太明显，绕着弯儿，带着些许的温情，也许你还把它当作是爱意的体现呢。比如说，你一周有一个晚上去上课，你的伴侣会告诉你，你回来之前，他如何数着时间挨过这一晚，你不在家，他如何孤苦伶仃、伤心不已。这些话听起来都像真情流露——他一刻也离不开你！但事实是，这不过是他准备占有你生活各个方面的第一步罢了。当然，你可以不去上课，但要不了多久，还会有别的对你有意义、对他却造成威胁的活动。你究竟要舍弃多少自己的生活，才能证明你对他的真爱？

控制型男人的爱贪婪、苛刻，不论你舍弃、付出了多少，都永远没个够。他始终都认为，你关心他远不如他关心你。他会没完没了、变着花样地考验你的忠诚，这就如同你每个星期都要参加一次结业考试，但一辈子都结不了业。

鲍勃总算找到了一份好工作，说是要“养着”劳拉，她听着心里美滋滋的。劳拉十九岁就出来闯荡，有机会待在家里、做做家务，她别提多开心了。

他赚钱了，薪水丰厚，他叫我辞职，希望我干脆待在家里，享享清福，这可是我梦寐以求的！但后来我才晓得，他是希望我别见朋友。连我给父母、兄妹打个电话，都像打翻了他的醋坛子，就好像他赚钱养我，就有资格控制我似的。

鲍勃打着爱的幌子，为劳拉编织了一个控制她的牢笼。

为了实现自己的目标，控制型男人常常软硬兼施。他可以明说，也可以暗示，不是要你辞去工作、别去上课、与朋友断绝来往，就是含沙射影地抨击他自认为危及他的人和事，让你饱受折磨。到后来，你觉得不如遂了他的心愿，图个安生。不论你的伴侣采取哪种手段，结果都一样：为了满足他的要求，你只好断绝与亲朋好友的来往，放弃一切社交活动和爱好。

妮姬是名警察，二十四岁那年她认识了艾德，一位二十七岁的警官。艾德非常欣赏妮姬的才智和修养，以及身为警察和运动员的强健体魄。妮姬爱慕艾德的男子汉气概，爱他的一头金发、相貌堂堂。他们双双坠入爱河，很快结了婚。可时隔不久，艾德暴躁的脾气和爱吃醋的毛病就暴露无遗。妮姬来找我的时候，他们已经结婚两年了。

不论我做什么，都得向他通报。只要做了没事先经他“恩准”的事，都成了我靠不住的证据。他每天要往我的部门，甚至我的巡逻车上打三四个电话，查我在哪儿、与谁在一起。只要发现我不在，他就大发脾气。我觉得好丢人。

上周我陪一位女上司吃午饭，一回来，就发现他站在我的办公桌旁，满脸通红。他拽着我进了隔壁屋子，对我大喊大叫，说什么我背叛了他，他再也信不过我了。每逢这种时候，我都吓得半死。

妮姬认为艾德的失态着实叫人难堪、害怕，还是不要和他冲突比较好。久而久之，她连工作中的一点小小的自由都舍弃了。

这种妒忌和占有欲不仅局限于老套的担忧，生怕你与别的男人有染，还延及你生活中的方方面面。只要是不在控制型男人的掌控之列，或是看上去会威胁到他的事，都要一概禁止。

第四章
到处都是控制区

到我这里来咨询的人，原因形形色色。一位四十三岁女性的遭遇叫人啼笑皆非，她竟然说不通丈夫支付她看牙的医疗费。随着交谈的深入，我渐渐了解了她的丈夫：他是一位身家百万的企业家，她看牙需要五千美元，但他一周只肯给她十五美元。我还了解到，她在丈夫的公司免费干活，丈夫还动不动当着员工的面羞辱她。他不肯支付她看牙的钱，显然不那么简单。

我发现，促使一个人来我这里咨询的具体问题，不过是冰山的一角。没钱、夫妻生活不和、没有正经工作、为孩子争吵……背后隐藏着的往往是亲密关系当中的重大问题。

卧室控制权

蜜月期总有结束的时候，两个人在一起久了，逐渐熟悉了，性生活会自然地经历涨潮期和退潮期。但对于控制权重于一切的控制型男人来说，性生活是一块不能失去的领地。

每个人在性生活中的感受和偏好都不同，伴侣双方必须共同努力，充分沟通，才能渐渐合拍。一旦正常的沟通不能进行，讨论双方需求和偏好的那些开诚布公的对话也就无法展开了。

在交流性需求时，女性往往格外地含蓄。在我们从小所受的教育里，女性要自爱，不能太过性感招摇，更不能表达自己的性需求。我们在这个问题上的弱势，反而成了某些男人伤害我们的撒手锏。指责、污蔑、否定、没完没了地打击和粗暴无礼的态度，往往会让好不容易打开的心门砰然关闭。

蜜月期过后，有些男人也许对婚姻大失所望，于是将这种失望当作诋毁伴侣的借口。当初的浪漫和两情相悦，变成了看什么都不顺眼。当初善解人意的恋人变得不解风情，而且蛮不讲理。

在好的亲密关系中，不仅要有强烈的性吸引，还要有友谊、尊重和关爱。即便性冲动随着时间流逝而消退或改变，但其他因素仍在。但对某些男人来说情况却截然相反：相处得越久，他对伴侣的关心和爱护越少，越是指责她不像个女人，缺少女人味。

性批评

比起称赞，我们更相信别人对我们的批评。一次严厉的批评往往比二十次赞美的影响力更大，我们认为这才是对自己真实、中肯的评价。出于这个原因，在伴侣一再贬低你的相貌、性生活中的表现，或是没完没了地拿你跟别的女人做比较时，再有信心的女人也会心理失衡。

年轻的女警官妮姬告诉我：

我对自己的相貌和身材一向都很满意。可是艾德总拿着杂志上的美女照片，要我学她们。他要我学这个、学那个，说只有那样，我才显得更有魅力，他才更喜欢我。他越是这样，我越是认为自己是个丑八怪。

艾德对妮姬的挑剔反而打破了两人夫妻生活的平衡。他自封裁判，对妮姬的一颦一笑、穿着打扮品头论足，自然而然地让她处于不利的境地。批评越来越刻薄，对她的打击也就越来越具有毁灭性。

提到心理学家丈夫与女病人有染这件事，葆拉是这样说的：

格里说我不是金发女郎，不合他的胃口。之后又说我丑，身材松松垮垮的，胸部下垂。他会指着我生了四个孩子留下的伤疤，说丑得不忍直视，还说我没有翘臀。最后到了我不敢当着他的面脱衣服的境地，他却又说："如果你是一个真正的女人，我说什么你应该都无所谓。"

格里让葆拉觉得自己简直就是个废物，他的恶言恶语让本就没多少自信的葆拉更加自卑。

连关系融洽的夫妻，丈夫也常常希望妻子注意形象和某些行为，但表达愿望的方式不同，产生的是截然不同的结果。如果是出于善意的好言相告，那就不会给对方造成什么伤害。但控制型男人却并非出于好意，更谈不上真诚。他追求的是控制欲，为了获得控制权，他会毫不犹豫、没完没了地贬损和讽刺伴侣。

性爱的氛围应该亲密无间。我们不仅敞开了身体，也敞开了心扉，同时也更容易受到伤害。当我们放下戒备，分享身体最私密部位的时候，我们也会难以防备那些针对我们表现的评论。每每与奈特过夫妻生活，杰姬的妈妈珞琳都觉得自己是在上刑。她告诉我：

我认为我在床上不是一个热情似火的女人，但我会千方百计地迎合他的需要。但每次做爱，他都会说"连最廉价的妓女都比你强"之类的话，说得我恨不得一头撞死。

珞琳和奈特进入了一个恶性循环：他越是批评、羞辱她，她对床事越是提不起兴趣，从而导致奈特更加没完没了地批评和羞辱，让珞琳更加扫兴。与许多控制型男人一样，奈特认为批评妻子不仅是他的权利，也是他的责任。他认为他的“改造计划”必须坚持下去，尽管结果与他的愿望背道而驰，对她也无益。

性自私

对控制型男人来说，什么时候过性生活、怎么过，往往都由他说了算。唯有他的需要才是需要，只有他满意的性爱方式才是可行的。

许多女性说婚后生活的第一个变化是性爱对自己来说变得机械化了。相爱之初性生活中的关心和爱慕一去不返。控制型男人不给伴侣时间调动兴致，也没了当初触摸、拥抱和激吻的快感。南希是这样说的：

我们结婚后不久，杰夫就变了，不再做你说的“前戏”。他干脆跳上来、做爱、完了以后翻身就睡。我不晓得怎么说才好。他当初非常在乎我的感受，谁知没过多久，一切都成了往事。

南希的经历并非个案。和许多控制型男人一样，杰夫认为一旦“抱得美人归”，亲昵和爱抚就纯属浪费时间、多此一举。在杰夫看来，除了做爱，其余的无关紧要。但对南希来说，前戏才是重点。前戏可以调动情绪，为性爱这一主题做好准备。

有一个关于女性性高潮的误解流传已久：女性只有通过传统的性爱方式才能获得高潮。近年来的研究证明了一件许多人也许早就清楚的事实：绝大多数女性要靠爱抚或口交才能获得高潮。“只有传统性交才快活”不过是控制型男人单方面的借口而已。

当罗莎琳德试着告诉吉姆她需要前戏的时候，他却对她冷嘲热讽。

她说：

他不懂女性，对女性的身体可以说一无所知。我想跟他说说，谁知他却生起了闷气。他认为，我想要性爱以外的亲昵就是拒绝他。除了性爱，他什么都不管。如果我要他抚摸我，等我有了感觉再做，他就会说“真叫人扫兴”，然后摔门而出。久而久之，我觉得是因为自己的身体很脏，他才不愿碰我。

罗莎琳德的性渴望成了吉姆对付她的撒手锏。她的需要与他的格格不入，就被他一概斥为“扫兴”，这样她就不再向他提出他不想参与的“非分要求”。责怪和惩罚是控制型男人对付他不喜欢的性偏好的两个惯用伎俩。

葆拉也发现，丈夫格里认为她的性需求“苛刻、令人厌恶”。他的话说得很不中听。

格里的蔑视和嫌弃让葆拉无地自容，不敢正视自己的身体和性欲。不过，格里的话不单单是对葆拉一个人的羞辱，而是对所有女性身体的嫌恶。格里不愿口交本身并不能说明他是个控制型男人。与性偏爱无关，他言辞中表露出的憎恶和嫌弃才更能说明问题。

有的控制型男人则采取另一种方式表达他们的敌意——获得掌控权。当伴侣不如他们的意时，他们往往采取冷战的策略，惩罚她们，羞辱她们。罗莎琳德就有过这样的经历。

我们每次吵架，他都会一连两三个星期不理我。他用这种手段教训我。如果我主动提出亲热，他就会说我发浪，像只发情的母狗。他说我只想着做爱，还说成天想着那事儿的女人最倒人胃口。

吉姆认为，他频频出现阳痿都怪罗莎琳德。就连早在认识罗莎琳德前就有的性无能也怪不得他。他认为，不是他表现不佳，怪只怪她没做好。

男女双方都可能将以前的性问题带进两个人的关系当中，但在控制型男人看来，他的问题也好，对方的问题也好，都可以是他没完没了怪罪和羞辱女性的利器。性功能障碍治疗方面的专家早就认为，即便主要问题在一方，也要夫妻双方都接受辅导才能达到预期的疗效，责怪对方、发脾气、教训人只能加剧业已存在的性问题。

不过，对控制型男人来说，责怪、发脾气、教训人可是伴侣表现欠佳时，他们的几个惯用手段。这样一来，床笫之间的对错，只有他一个人说了算。

控制型男人惯说的一句话是："我要你教？"就拿警察艾德来说，他连妮姬的体位都要管。他提出做爱，只要她稍有不从，或者皱个眉，他都一概认为是拒绝。妮姬说：

如果我告诉他我在性方面的喜好，他就会说："连做爱你都要管着我！"如果我坐在他的腿上，依偎在他的怀里，他就会一把抓住我的胸部，我要是说"别这样，我只想你搂着我"，他当即就会发脾气，说："这是我的，我想怎么着就怎么着！"

许多控制型男人会将女性意见的表达认为是拒绝，并将这种自认为的拒绝当作进一步虐待伴侣的借口。奈特融会贯通，将恐吓战术用到了生活中的方方面面，甚至床上。珞琳起初还顺着奈特，但久而久之，他的蛮横就让她敬而远之。她说：

只要我不顺着他，他就骂我"叫人扫兴的婊子"，接着冲我吼道"滚，你给我滚”，然后一脚把我踹下床。

一旦男人自私自利，不关心女人的感受和需要，再热情如火的女人恐怕也会没了“性趣”。

以上所有的案例都是两败俱伤。如果一名女性被丈夫搞得自惭形秽，不敢做爱，恐怕要被斥为“废物”。如果一名女性长期忍受虐待和冷遇，对做爱心灰意冷，说不定会被贴上“性冷淡”或“木头人”的标签。反之，如果女性主动提出性要求，说不定又要被斥为“欲壑难填”“浪骚”或“花痴”。

霸道作风

性生活中，另一种控制型男人则蛮横霸道地发泄对女性的仇视。南希的丈夫就是一例。

那天晚上，我整个儿人紧绷绷的。于是我让杰夫替我揉揉背。他先帮我揉，过后我再帮他揉。当时我趴在床上，他事先不说一声，突然进了我的身体。我痛得厉害，气得一把推开了他。他翻身躺在床上，盯着天花板，攥着拳头，咬着牙，从牙缝里蹦出几个字：“你竟然敢这么对我！”

南希喊疼，杰夫却把自己当成了受害者，无视自己伤害了南希的事实。他大发脾气，把事情的责任都推到了她身上。

他在床上的霸道作风并非偶然，这件事不过是杰夫欺负南希的冰山一角。

还有的控制型男人采用性虐待发泄他们的仇恨。他们在做爱时又掐又咬，存心要弄疼妻子。当然，双方都享受这种方式的情况不在此列。我说的是女性不喜欢，男性却不顾给她造成的疼痛、不适或羞耻感，硬是要做的性行为。就好像他在说："你的身体就是供我玩乐的，不管我选什么姿势，你都得顺着我。"如果女性一再默许自己抵触的或者会对自己造成伤害的性行为发生，容忍男人不顾自己的意愿，践踏自己的身体，久而久之，她就会不可避免地对性生活失去兴趣。

性爱狂

在性生活中，一个人的风格是相对固定的。换句话说，如果你的伴侣比较节制，那么他很可能会一贯如此，不太可能一下子变得索求无度。

有些人的性行为比较强势，尤其是性欲过剩、要求频繁的男人，常常闹到妻子筋疲力尽，最终对性爱失去了兴趣。这里说的不是两人恋爱之初如胶似漆、难舍难分的甜蜜时光，而是男人一天要求两三次，不管妻子愿不愿意，他想做就做的情况。劳拉和鲍勃就是这种情况。

起初我喜欢与他做爱，可现在却没了这种兴致！做爱对我来说简直成了一种负担。他从不给我一次主动想和他做爱的机会，我从没有过这种欲望。我们一天做两三次，再加上他始终催着我上床，我哪里还提得起兴致？在这件事上，我一贯是被动的。他是个不错的爱人，但这件事和他好不好没关系。

鲍勃的性欲曾是两人关系中的一个重要部分，但不久就成了负担。与某些人吸毒或酗酒一样，鲍勃用性缓解恐惧和压力。这种因情绪波动产生的强烈性欲最近才被心理学家认定为一种严重的情绪紊乱，叫性瘾症。

性瘾与其他上瘾症本质上并无区别：靠性来麻痹内心深处的焦虑，让自己得到短暂的放松。珞琳发现她的丈夫奈特便是一例。

他会说："我今天早上有个重要的会要开，我要做爱。"做爱的原因和我一毛钱关系都没有。有时候下班一进门，他抓住我就做，还说什么"今天什么都不顺，我要做个爱"。

鲍勃也是如此，他非但不像个成熟稳重的男人，去直面自己的问题，反而选择用性暂时麻痹自己的焦虑。

鲍勃经常对劳拉说的一句话"只有进入你的身体，我才觉得我拥有你"，这便是性瘾者靠性爱获得自信和控制力的一个有力说明。性瘾者强烈性欲的来源尽在这句话中。

如果你碰上了一个性瘾者，久而久之，你会觉得自己不过是他泄欲的工具，你们之间的性爱跟你这个人没有关系。劳拉发现，与鲍勃相处，除了满足他的性需求外，一切都退居其次，哪里还谈得上她的需要。她对我说了下面这件事。

我爷爷去世了，我非常难过。鲍勃和我一起去参加葬礼，可葬礼期间，他一再催我走，跟二十年没见过女人似的！他喋喋不休地唠叨回家"办那事儿"。他的心思我再清楚不过。我被他烦透了，恨不得掐死他。但后来我们还是中途离席回家。我恨自己不争气，只能靠"做那事儿"堵住他的嘴。我恨自己一味顺从他，恨自己中途退出爷爷的葬礼！我真没出息，但我只是怕听到他在我耳边唠叨个没完。

有些女性默许性欲旺盛的丈夫的需要，是因为只有性爱才能息事宁人，耳根清静。劳拉说：

我们唯一能搭得上话的时间是在床上。只有那时候，他才听得进我的话。有时候，我跟他做爱，只是想他听我说两句话。做爱好像我们两人之间的一场交易。但让我气不打一处来的是，我在床上谈的一些要事，他过后就忘得一干二净，像从未听到过似的。

劳拉觉得，床第之欢是难得与鲍勃亲近的时刻，她不用去想自己被利用了，放下了对鲍勃没完没了纠缠的愤恨。不过，鲍勃的温柔和宽容仅限于床上，下床后就换了个人。出了卧室的门，他又动不动发火、对她横加指责。

和谐的假象

控制型男人在床第之间和床第之外态度的反差越大，女人越是觉得迷茫。她常常自问："如果他那么需要我，我们之间怎能有问题？"对与控制型男人相处的女人来说，唯独性爱才是让男人放下蛮横态度和控制欲的方法。用杰姬的话说：

马克在床上温情脉脉，夫妻关系能坏到哪儿去？我怎么也想不明白，一个在床上表现出色、百依百顺的男人，怎么出了房门就那么令人讨厌了呢。要是能始终待在床上，恐怕也就没那么多麻烦了。

如果连性生活中都出现了紧张和矛盾，杰姬恐怕早就看清马克的真面目了。不过，由于他在床上表现出的激情，她自认为夫妻关系融洽。但她错就错在不该用性生活的和谐程度衡量两人的婚姻生活。

满意的性生活可能会让女方忽略了其他时间受到的虐待。愉快的性爱是一剂有效的麻醉药，让很多女人产生夫妻和谐的幻觉，尽管许多细节告诉你事实并非如此。

性爱不过是婚姻生活的一部分。这一部分也许两情相悦。不过，如果你与控制型男人相处，你要明白，终有一天，他的控制和支配欲会在别的地方露出真面目。

经济封锁

钱不单纯是一张纸，还暗含着诸多情感和象征意义。一个人掌管多少钱往往表明婚姻中另一个人对他的信任程度，因为那个挣到钱、分配钱、决定如何花钱的人一般掌握着家里的经济大权。这种情况下，钱远远不是货币或交换手段那么简单。钱象征着能力、身份和自由，同时也代表着夫妻关系中爱的多寡，因为给不给钱也是衡量爱意的一种方式。我常听一些女人说："如果他肯在我身上花钱，说明他爱我。"认为爱在于给妻子零花钱或在她们身上花钱的男人也为数不少。

对钱的态度和看法早在我们小时候就形成了，通常是父母灌输给我们的。等我们长大成人后，又将它带进了社会生活。虽然钱是许多矛盾和争执的根源，但受传统观念的影响，许多人对这个话题绝口不提，甚至，比起性生活方面的不和，女性反而更不愿谈论经济矛盾。由于许多人难以宣泄她们在财权上的苦闷，因此也得不到这方面的意见和帮助。

在钱的问题上，控制型男人一般分为两类：一类是"赚钱养家的好男人"，有稳定的职业；另一类是"悲情英雄"，自认为受到了社会的不公平待遇，他有过一段长期失业、手头拮据的经历，常常要靠妻子养活。不过，他挣钱也好，你们双方共同挣钱也好，你接济他也罢，他都要掌管钱的去向！

“挣钱养家的好男人”

“我辛辛苦苦挣钱养家，压力很大、什么都要管，所以我当家，我说了算。”持这种传统观念的男人不在少数，这同时又是确定控制型男人是否精神虐待的一个标准——他是否精通“用挣钱能力掌控妻子”这一手段。

珞琳从没外出工作过。结婚三十五年来，怎么花钱都由奈特一个人说了算。他在经济方面的蛮横程度不亚于在生活的其他方面。珞琳说：

我什么事都要迁就着他。如果我想买件衣服，首先得要他点头，我才能拿到钱。我还要告诉他在哪儿买，价格是多少，事后还要给他看收据。我觉得自己简直就像一个没用的小孩子。我买些小东西，还得提心吊胆地防着他不知什么时候大发脾气。记得一次我出门逛街，一口气买了三顶帽子。我以为事先没跟他说一声，肯定要挨他的骂，谁知他一句话也没说，还笑了笑。太想不到了！但两天后，我为狗狗买了一条新链子，他见了后冲我大发雷霆。我永远也摸不清楚他什么时候会发火。

控制型男人对钱的控制欲有多强？一名节目听众曾向我倾诉了她的经历。

我曾是一名职业女性，结婚后，他一再催我辞去工作，我依了他。后来才发现，他赚的钱一分都到不了我的手里，我都不如一个犯人。他是位外科医生，收入相当不错，但他的薪水都存入了一个单独的户头，我根本动不了。他负责家里的日常开销，我口袋里连一块钱都没有。

后来我只好拿出了结婚前的一点私房钱，做点小生意。可这也不是办法。如果我想买条连裤袜，他会说："你不是做小生意吗，你自己买好了。"你说可笑不可笑！我做生意又不是他掏的本钱。他还常拿我的小生意说事，取笑我。不管遇到什么困难，我都不愿向他开口。我真的不晓得怎么办。我爱他，他也是个好人，但他把钱管得那么死，我都恨不得把家里的银器偷出来当了。

这位女士的丈夫先是想办法劝她辞去工作，然后借斩断她的经济来源实现掌控她的目的。她靠做小生意赚取一点微薄的收入，但远不足以让她手头宽裕，摆脱丈夫的支配。

控制型男人自认为女人"都是被男人惯坏的"。他这么做，是怕自己的辛苦钱填不满女人的"无底洞"。为此，他不仅不给她钱，连收入都瞒着她，甚至谎报资产、存私房钱。为了给自己的行为找理由，他还振振有词地说，他曾如何受到前妻或前女友的欺骗，她们把他榨得分文不剩，而后弃他而去。

控制型男人对妻子吝啬，自己却大手大脚，还不许妻子过问。用南希的话说：

杰夫一分钱都不给我，对自己却大方得很——小艇、新滑雪板、新车、最好的网球拍、最好的跑鞋、定做的西服和衬衫，他眼都不眨就买了回来。我开的却是一辆又旧又破的车。如果我想买双新鞋，他会大发脾气，说我非把他榨干了不可。我曾经以为，他会顾及面子，不想人家看见他老婆开那么破的车，谁知他却怪我没把车保养好。

杰夫的双重标准巩固了他对南希的控制，他这种态度的言外之意是："我是优秀人士，就该享受这些东西；你不优秀，所以你不配。"

当然，控制型男人并非个个都是守财奴。只要顺着他的意思，许多人在钱上面相当慷慨。

“悲情英雄”

这种男人自恃清高、勤奋、高贵，却身陷不幸。他从不反省自己的问题，反而把养着他的女人当成了仇人。这种男人从懂事起就手头拮据，她的钱也好，他的钱也好，他一向不分彼此。他会说他的困境都是别人一手造成的，说生意伙伴欺骗或背叛了他，或者说老板无缘无故地炒了他的鱿鱼。他的仇敌甚至算上了伴侣，说她对他太刻薄，说前妻“骗光了他的财产”。这种“悲情男人”的经济困境成为伴侣的错不过是迟早的事。

我约见了杰姬的丈夫马克。他七年没谈成一笔生意，按他的说法，他尽了力，但活该他倒霉，又摊上了一个碎嘴的老婆。他说：

我烦透了，为了跑成一笔地产单子伤透了脑筋，她还一刻不让人消停！我不晓得跟她说过多少次，只要做成第一笔单子，我就能打开局面，过上好日子，可我现在不仅要跟天斗、跟地斗，还要跟她斗。我下班刚跨进家门，她劈头就问：“我们的银行卡透支了，今天一天我就接了三个信贷员的电话，你单子还没谈成吗？”她唠叨个没完，就是要我记住，在这个家挣钱的人是她。她也不想想，不偶尔花点小钱，做成生意谈何容易！我出手总不能太寒酸吧，但只要我在一个未来的客户身上投点小钱的时候，你瞧她那脸色！天下的女人都一样：你顺的时候，她们爱你，可一旦你走了霉运，你一下子就矮了几分！

马克说的“霉运”是他七年没往家里拿过一分钱。不仅如此，那段时间，他几次投机生意险些让这个家破产，但他打死也不肯承认经济困难是他的责任。

杰姬养了马克和她的两个儿子整整七年，还时不时地要给马克一次次的冒失投资擦屁股。但他全然不顾这些，始终认为她是个泼妇。每次她一问起他的计划和安排，他就暴跳如雷，说她不晓得体贴人、为人太刻薄。

随着时代的进步，一些夫妇达成共识：女人挣钱养家，男人履行别的角色和责任。不过，如果嫁给的是控制型男人，妻子挣钱反而成了一种罪责，成了控制型男人攻击她的又一件利器。他见不得妻子的成就，怒火中烧，于是颠倒是非，歪曲事实，巧妙地将自己的失败推到妻子的头上。

罗莎琳德一开始接济吉姆那会儿，觉得自己有魄力、有能耐、胸怀宽大，但不出几年，她觉得完全不是那么回事。她说：

在一起的第一年，我的古董生意做得风生水起。我从银行贷款一万美元去进货，第二年年底前就轻松还清了。我好开心。到了第二年年底，吉姆硬缠着我贷了两万美元。我知道生意做不了那么大，怕还不了款，但他想和我一块儿做，不依不饶。可贷了款，他却成了甩手掌柜。他本来是修家具的，所以我想，要是在一块儿做事该有多好。于是我在店面后接了一间房，好让他在那里干活，但他还是成天无所事事。我开了第二家店，为的是多一份收入，可惜我分身乏术。他不愿守着店，也不肯修家具，我只好雇人打理另一家店的生意。再后来，吉姆开始从收银台拿钱。我告诉他不能那样做，谁知他张口就骂我是个自私自利的女人。我怎么也想不通什么地方不对劲，想不通他说得好好的，为什么却什么也不干。我管着两个店面，又要出去采购、办展览，外加洗衣做饭，赚钱养自己、养他、养我儿子，还有他的两个孩子。他倒好，成天不是练鼓，就是煲电话。我债台高筑，信誉荡然无存。不知不觉中，我的生意就濒临破产了。

不论罗莎琳德怎么努力，都不如吉姆的意。这位“悲情英雄”一副典型的“熊孩子”和捣蛋鬼的做派。他告诉妻子他结清了账，其实是在脸不红心不跳地撒谎。他积欠的巨额债务，他和妻子恐怕这辈子都还不起。

你找他对质，他却跳脚骂人，说妻子怀疑他。

如果他失败了，就指望有个人随时拉他一把。这个人自然就是那个爱他的女人。不管哪一类控制型男人，都会牢牢控制着经济命脉，以巩固自己对伴侣的操纵权。如果妻子出门工作，是家庭唯一的经济支柱，那么对掌握经济大权的竞争往往格外激烈。决定他是否取得这项权力的不是他挣钱养家的能力，而是他操纵女人的本事。

控制社交生活

为了获得安全感，控制型男人势必要控制你的思想、见解、感情，甚至你的一举一动。因此，你只能接触赞成他观点或说法的朋友或家人。凡是可能带来不同观点的人，他一概不欢迎。

控制型男人会动用种种手段限制、打压你的世界，其中一招是结交令你反感的人，让你宁肯待在家里，也不愿和他一起出门。南希说杰夫就是这么干的。

只要我们和别人聚会，他就始终在一旁观察我的一举一动、一言一行。我简直快要崩溃了。难道他冲我发脾气，是我跟别人说了不该说的话？一进家门，他就会说：“你又在那儿唠叨个没完。”只要我跟别人聊他不爱听的事，他都是这句话：“你说了一堆废话。”我觉得自己仿佛在他的显微镜下被检视着。

他的第二招是发脾气、撒泼和侮辱你，逼得你断绝与他不喜欢、不想见的人的来往。杰姬告诉我，马克对她的女性朋友尤其不客气。

我陪几位女性朋友去参加一个会议，他竟说我是女同性恋！他吃我女性朋友的醋，竟当众羞辱我，还骂我的女性朋友们是“死拉拉们”。

夫妻双方一般各有各的朋友，各有各的活动圈子。三五个朋友小聚，暂时放下郁闷的心情，享受一下快乐时光也不为过。不过，在控制型男人看来，伴侣任何形式的单独活动都应一概杜绝。

葆拉发现，为了能单独见朋友或是参加活动，她与格里较了好大的劲儿，最后只能作罢。

我到了不带上他谁也不能去见的地步。只要我说要见见自己的朋友，他都会一脸惊讶状。“你有一个聪明的丈夫，何必要在那些蠢女人身上浪费时间”“你聊什么我陪你，再说我们聊得多开心啊”，要不就说今晚我只能属于他。为了出门见个朋友，我非得和他争上半天。久而久之，我也懒得和他争了。

许多女性为了息事宁人，不得已忍气吞声、做出妥协。要经营一段美满的婚姻，必然要时不时地忍让。但女性一味地迁就丈夫，放弃自己的喜好，迟早会失去自信。许多女人懒得为了参加活动或见个朋友与丈夫争吵，是因为她们已经为亲密关系中的大问题耗尽了心神，这些只是细枝末节，似乎不值得计较。不过，你还真得计较，否则你在不知不觉中就与世隔绝了。说“不知不觉”，是起初你会很开心，以为丈夫爱你爱得不得了，容不得别人打扰你们。实际上，他是在慢慢地断绝你与你人生中重要的人或事的来往。

控制型男人和妻子双双出席社交活动时，常常会制造种种难堪的场面。他当着众人的面风度翩翩、谈笑风生，一到了背人的地方，他就换一副嘴脸，说她的朋友有多可笑，想不通她竟结交了这样一帮人，接着又说她做人失败。最后，她受不了丈夫的冷嘲热讽，干脆和他待在家里，省得心烦。

控制型男人孤立妻子的另一招是让她当众出丑。罗莎琳德发现，吉姆把私下羞辱和贬低她的态度带到了社交场合。她告诉我：

> 我主动断绝了与朋友的来往，因为我吃不准他什么时候会发作。他会当着朋友的面说我："算了，别听她的，她就是个缺心眼儿。"他动不动就让我出丑，我难过得要命，不想和他一起见朋友，生怕她们见到我忍气吞声的窝囊样子。

吉姆在家早就把罗莎琳德批得体无完肤，让她的自信心受到了重创。听他当着朋友的面数落自己的智商和性格，她哪能受得了！久而久之，罗莎琳德和许多女人一样，想方设法不和他一起出席社交场合。

还有的控制型男人当着伴侣的面与别的女人打情骂俏。这种行为旨在伤害、教训和羞辱伴侣。如果一个男人不顾伴侣在场，借社交活动与别的女人调情，那就是在表达他的敌意。要不了多久，他的伴侣会不敢和他一起出门。

控制伴侣与家人的联系

如果控制型男人看不惯伴侣的朋友和她们的社交活动，他同样会把伴侣的家人看作威胁。他认为伴侣与家人的亲情会淡化他的掌控权。妮姬的丈夫艾德就是一个很好的例子。

他会检查我的手机通话记录，看我是否和家人通了电话。我的家人都在别的州，只要他发现我和他们通了话，就大发脾气，大骂我一顿。久而久之，我都不敢收妈妈的信了，生怕惹他不快。

艾德脾气渐长，妮姬生怕惹他动粗，无奈之下，只好断绝了与家人的联系，而不是勇敢地面对这个问题。

控制型男人让你怕见家人的另一招是当着你的面贬低你的家人，这其实是间接地羞辱你。格里一再提醒葆拉，她出身低贱，而他出身高贵。他说自己的父亲是教授，而她的父亲不过是个小电工，所以她出身底层阶级。他不愿在她家人身上浪费时间，因为他们“没文化、缺乏教养”。言外之意，她也好不了多少，这其实是贬低她、羞辱她的又一招。

不论我们与家人亲近与否，只要谈到家人，我们多半会非常敏感，本能地会去袒护他们。控制型男人会限制伴侣与朋友来往，限制她参加社交活动，同样也会经常与她的家人闹别扭。

利用孩子

控制型男人可能会将孩子视作与他争宠的“情敌”，不管那是你前夫留下的孩子，他自己的孩子，还是你们爱情的结晶，就好像他见不得你在工作、朋友、家人和兴趣爱好上投入精力，在各种活动上花费时间一样，他也会愤恨和嫉妒你与孩子之间的关系。

他拿孩子要挟你，是因为他认为在自己家，他有权为所欲为，不管自己的行为会不会影响他人。

不管家中有几个孩子，他必须做那个最受宠爱的孩子。

吃孩子的醋

葆拉发现丈夫格里简直不可理喻，从孩子一出生就开始吃他们的醋。第一个孩子刚出生时，格里就埋怨她把时间和精力都花在了孩子身上。后来，孩子们相继出世，他的醋劲儿越来越大，到了最后，连一点芝麻小事都能引他发作。

我战战兢兢，生怕家里断了奶酪、他爱吃的饼干和他爱喝的红酒，惹来大祸临头。一天晚上，他下班早，家里的奶酪没了，他一发现就大喊大叫。当时我妈妈也在场，她简直都不敢相信。她说："格里，为了一小块奶酪你就小题大做，至于吗？"谁知他开始骂我："那女人从不管我的死活，处处只想着孩子。她什么都为了孩子，讨厌的孩子！我在外累死累活地养活这帮小懒虫，回到家却没了奶酪！"

格里想不到孩子小，需要他和妻子的共同爱护，反而将孩子当作争夺妻子爱的对手。格里认为葆拉花费在孩子身上的心血证明她不在乎他。

可惜他要的永远没有尽头。你爱得永远不够深，永远不够关心、不够支持他。他是一个永远填不满的无底洞。如果你认为自己再努力一点就能让他放心，那可就大错特错了。

指责你是个不合格的妈妈

只要是女人，多半非常在乎母亲这个身份。如果控制型男人认为伴侣为了孩子忽略了自己，可能会指责她是一个不合格的母亲。不过，她做母亲合格与否不是问题的根源。孩子不过是他撒气的一个由头，利用伴侣担心成了坏妈妈的心理，达到自己的目的罢了。杰姬告诉我，马克常常拿两个孩子说事，对她横加指责。

那次做完手术后，我躺在床上休息。那天是圣诞节，孩子们一早就醒了，大呼小叫地下楼去拆礼物。那是马克来我们家过的第一个圣诞节，为此他说了一整天。他扯着嗓子说，孩子们太自私、太贪婪，只想着自己，不顾别人。说真的，他说的孩子一个十岁，一个八岁。他吼道，孩子们毁了他的圣诞节。他不肯上楼来看我，还说我该学学怎么管教几个"熊孩子"。养出两个这么没教养的野孩子，我是一个什么样的妈妈，可想而知。没有规矩，不成方圆。他在楼下对我嚷嚷个没完，好端端的一个圣诞节被他给搅了。但到了最后，我照例要向他赔礼道歉，他才肯罢休。

马克发现，只要批评杰姬的两个孩子，她立刻就会服软。杰姬道歉是免得他把气撒到孩子头上。她以为自己是在保护孩子，但其实她的做法是纵容他利用孩子教训她。忍气吞声和道歉，无异于助长了马克的威风。她非但没阻止他对孩子发脾气，还适得其反，让马克的气焰越来越嚣张。

三角关系

当一些女人解决不了夫妻矛盾时，会去博孩子的同情，拉他们做同盟，向他们倾诉苦闷。这样一来，孩子们反而直接参与了父母的冲突。

说完了马克和孩子，杰姬想起小时候妈妈向她诉苦时，她当时的感受。

妈妈总对我说爸爸不好，说她并不真心爱他，那时候我特别害怕，以为一家人不知什么时候就散了。如果妈妈不爱爸爸，那么，我的生命又有什么意义呢？我不想听妈妈说她不爱爸爸，也不想偏向谁。突然间我既要护着妈妈，又要护着爸爸。他虽无情，但我还是觉得对不起他，连做梦都想挽救他。我做着各种各样的白日梦，梦想着我让妈妈又爱上了爸爸，我们一家人快快乐乐地生活在一起，那样，我就什么也不用怕了。

妈妈向她吐露的与爸爸不和的秘密压在杰姬的心头，杰姬也成了这个不良三角关系中的一角。她的安全感受到了威胁，她卷入了大人们的纷争之中。这种情况不仅会给小孩的内心添了一层紧张和内疚，同时也有损孩子与父母双方的亲情。

爸爸有时候也会硬将孩子拖进这个不良的三角关系中。控制型男人会挑拨孩子，让他们对付妈妈，说她无能、自私、没有爱心。他会拉拢孩子，贬低妻子，用葆拉大女儿的话说：

那天我和妈妈开车回到家，爸爸在浇草坪。他突然拿水管对着车喷水。望着我们的狼狈样，他开心得哈哈大笑。我们在外跑了一天回来，累得一点劲儿都没了，没心思和他开玩笑。于是妈妈摇上车窗，免得被打湿了。他不高兴了，说妈妈是他见过的最丑的女人。他又扭头对我说："你妈的脸跟八十岁的老太婆似的。你瞧瞧，简直像个猪头！"我为妈妈觉得难为情，可他嚷嚷个没完，连邻居都听得见。他说他"恨不得走得远远的，免得成天对着她的丑脸"等难听的话，还不住地要我也跟着他说，最后我忍不住跳下车，跑回了家。

与许多控制型男人一样，格里喜欢当着孩子的面捉弄妻子。这一做法让孩子处于极其不利的境地。不论孩子作何反应，都要背叛人生中最重要的一个人。

家暴

不幸的是，有些男人最终会对孩子动手。偶尔打几下屁股并不要紧，尽管我不赞成任何形式的体罚，但经常性的体罚和精神虐待却贻害无穷。久而久之，这个大坏蛋会在家称王称霸，谁也不敢与他作对。

最近十年，我专门研究了许多从小受过各种虐待的人。我发现伤害自信，或在心灵留下创伤的原因，家暴当属首位。

刚进入心理咨询这个领域的时候，我惊讶地发现，从小受父亲或其他长辈家暴的人虽恨父亲，但更恨母亲，恨她不护着自己，任由别人打自己，恨她忍气吞声，懦弱无能，不肯挺身而出，拦着父亲。

许多处于这种境地的女性以“我又没做什么，有什么好愧疚的呢”这句话聊以自慰。殊不知，孩子挨打的时候，母亲袖手旁观或视而不见，等于默认了施暴的合理性。在孩子看来，她无异于谋害自己的同谋。况且，对孩子家暴是犯法的。

对孩子的影响

控制型男人家的孩子多半觉得愤怒、紧张和沮丧。见妈妈受到精神或身体虐待，他们又怕又恨。可惜他们和妈妈一样，有怨无处诉。

这种孩子一般都自暴自弃，不少人学习不好，甚至有身心方面的疾病。幼儿常见的反应是尿床和做噩梦，大些的孩子则通过和同龄人打架、滥交、吸毒、酗酒等叛逆行为发泄他们的愤怒。如果孩子受到家暴和性虐待，叛逆的表现就会更加糟糕。

在这种家庭长大的孩子见惯了大人间的互相指责和互相攻击，他们不懂什么叫互相同情和互相尊重。因此，长大以后，这些孩子很可能会重演同样的家庭闹剧。

控制型男人对伴侣的控制，好比树根之于大树，影响力波及生活的方方面面。他的控制影响了她的工作、兴趣爱好、朋友、家人、孩子，甚至她的思想和情感。她的自信和自尊受到了严重的打击，她对自己的认识，以及与其他人的关系都发生了根本的变化。尽管受到了如此严重的影响，许多女性仍一口咬定，她们的婚姻生活没什么问题。接下来的一章，我们将深入探讨这些女人到底中了什么邪，会做出这种反常的行为。

第五章
她们为什么离不开控制型男人

每当来访者向我诉说丈夫如何虐待自己的时候，我都要问一句：“那你为什么还要忍着？”她们的回答无外乎“因为我爱他”或者“我不敢离开他”，还有人干脆反问一句：“忍受什么？”这些回答说明她们认为自己的不幸与男人的行为无关，或者就像杰姬说她自己的十年婚姻：“他有时候确实会冲我嚷嚷，但除此之外，我们还是非常爱对方的。”这些回答都说明了一个问题：她们被迷了心窍，不愿摆脱这种受虐式婚姻。

与控制型男人相处耗神费力。种种强烈的感情交织在一起，剪不断理还乱，身处其中的女人往往当局者迷。不过，我们一旦了解了是什么束缚住了这些女性，就不难发现她们为什么能容忍丈夫的虐待。

爱情是碗迷魂汤

杰姬尽量淡化马克经常大发脾气这件事，是因为其他时候他们相处得还算融洽。她和马克经常翻云覆雨、纵情欢笑、互相鼓励、相亲相爱。她从没对哪个男人投入过像对马克一样炽热的感情。

不过，再炽热的感情也不过是这段关系的一个方面。与控制型男人相处时，很多女人为了享受一段美好的时光不得不忍气吞声、有泪往肚子里咽。遭受精神虐待却又不愿脱身的女人往往爱得如火如荼、难舍难分。

爱你成瘾，成了依赖

上瘾的爱跟酗酒、吸毒、嗜赌或暴饮暴食等不良嗜好是一样的。爱一个人成瘾（处在依恋关系中）的女人迫切需要对方，失去爱人会让她痛不欲生。爱给了她一种无与伦比的快感——为了获得这种快感，哪怕忍受再多的虐待，她也在所不惜。

这种瘾让一些女人极度依赖她的伴侣。她越是将对方看作自己快乐的主要源泉，就越是把他变成自己生活的中心。控制型男人的嫉妒心和占有欲会把女方限制在一个小得不能再小的世界，借机提高了他在女方心目中的地位，从而进入了一个恶性循环。她越是依赖他，他的地位越高；他的地位越高，她越是愿意为他放弃一切。要是没了他，她的人生就一无所有。这让她身陷其中，不能自拔。

女强人也有脆弱的一面

感情上依赖控制型男人的女性在人生的其他方面往往是一个不折不扣的女强人。有一次我说罗莎琳德太依赖吉姆了，她听了很不高兴，“我可不靠别人，”她说道，“我一个人开了两家店，一家人的开销都是我赚来的。我养着他、我儿子和他的两个孩子。”不过，罗莎琳德确实是很依赖吉姆——吉姆的心情决定她的心情，吉姆向她发脾气的时候，她的自信心和能力也随之荡然无存。

很多女性形成这种依赖后，往往会认为没有了伴侣的爱，她们简直活不下去。她的自我价值取决于他的评价，她在人生中其他领域取得的成就都不值一提。劳拉的经历就是一个很好的例子。

我在工作中和在家简直判若两人。工作中，我受人尊敬，才智过人，能力超群。但一走进家门，我顿时就成了一个废人。陡然间，我觉得自己什么都做不好。如果我做错了什么事，鲍勃会马上当面数落我，说我不中用，说我蠢。久而久之，我都不敢跨进家门，每天都找各种借口加班，迟迟不想回家。

在外能力出众的女性在家成了受气包，因为她坚信伴侣的爱在她的人生中有着头等意义。事业、钱财、社会地位、声誉，跟伴侣的爱比起来统统显得苍白无力、一文不值。更何况，我们的天性和懦弱只有在最亲密的关系中才会暴露无遗。我们在外面表现出来的一面，与我们的自我认知、我们希望被怎样对待，以及会从伴侣那里得到什么，并没有多少关系。

虐待和爱你上瘾

大多数人都以为遭到丈夫虐待的女性迟早会跟对方分手。不过，与控制型男人相处的女人却恰恰相反。控制型男人一会儿甜言蜜语，一会儿蛮横霸道，反而让一些女人欲罢不能。

玩过老虎机的人应该还记得一旦开始玩以后，自己怎么也挪不开脚步的情形吧？你舍不得走，因为你坚信自己随时能赢一大把。这种期待让你欲罢不能，它时不时地让你尝点小甜头，吊足了你的胃口。与控制型男人相处时，时而如在云端、时而如坠深渊的感觉也有着同样的效果。“不知道什么时候能得到他的爱，不知道他什么时候又会虐待自己”这种纠结的心情让一些女人欲罢不能，无所适从。

我想重申一遍前言中说过的话：我要在这本书里探讨的不是受虐狂。在这种关系中，“爱”与“痛”始终是两个关键词。那么，你肯定要问：“她们真的喜欢这样吗？难道这就是她们想要的生活？”答案无疑是否定的。大量的证据表明，女性一直在千方百计地让伴侣多些体贴，多些关爱。受虐狂从痛苦中获得快感，但执迷于控制型男人的女性却千方百计地避免受到对方伤害。

魔法钥匙

控制型男人反复无常的态度在他们伴侣的心中植下了一个信念：只要出错，一概由她来负责。这些女性非但意识不到这种荒谬，反而不惜一切地换取对方的爱和认可。那位年轻的女警察妮姬告诉我：

我只有按他的要求去做，才能觉得自己偶尔还是能掌控事态的。

妮姬已经着手在找那把魔法钥匙了：只要她不出错，艾德就能表现出浓浓的爱意。她深信，只要按他的要求去做，就能让他保持好心情，让他不发脾气。天下的控制型男人都一样，艾德也不例外，为了坚定妮姬的这个信念，他会经常提醒她，只要她不再这么做，或者改了那个小毛病，他就会一如既往地对她好。

可惜世间根本不存在这把魔法钥匙。控制型男人的发狂和柔情与伴侣的所作所为没有半点关系，这一切都是他内心的魔鬼在作祟（我们将在第六章详细探讨这一点）。因此，谁也保证不了他什么时候心情好，或者能不能消除他的坏情绪。

南希告诉我：

我经常一个人坐在卧室里，一遍遍地练习怎么跟他说才能免得他发脾气。我经常一件事反复练习十几次，直到我认为说到了点子上，说得中听，不会惹他不快为止。

后来南希发现，无论她怎么说，杰夫都会说翻脸就翻脸。

葆拉也相信世上有一把魔法钥匙，为此她甘愿放下面子，换取丈夫的爱。

格里对我说："如果你毕恭毕敬，时不时地哭个鼻子，我就不对你大吼大叫了。"我毕恭毕敬的，也哭过，可惜根本不管用。

如果一个女人相信世上有魔法钥匙，她必定会不遗余力地寻找这个宝物，尽管最后只能是徒劳无功。在寻找的过程中，她放弃了被善待的权利。她的情绪取决于伴侣阴晴不定的心情，她无法从自己最大的利益出发来思考行事，反而畏首畏尾，缺乏信心。

希望的圈套

与控制型男人相处的每一个女人的最大愿望，莫过于希望他有朝一日突然回心转意。她们幻想着他会把自己揽在怀里说："我错了，我对不起你。请你原谅我。我爱你，以后再也不冲你发脾气了。从今天起，我们从头来过，好不好？"女人都抱着这一线希望。

劳拉记得， 婚礼前一天的晚上，她和鲍勃大吵了一场时就是这种感觉。

第二天早上，他六点就给我打来电话，连声向我道歉。他说他压力大，以后再也不敢了。他说他非常爱我，离不开我，说昨晚他太粗鲁，他知错了。他说得非常真诚、充满爱意，我的心一下就软了。我知道暴风雨已经过去，我们从此将过上幸福美满的生活。

结婚这些年来，每次争吵过后的言归于好都给劳拉增添了希望。鲍勃发过脾气后，不是道歉就是送花，或者痛哭流涕地表示悔不当初。激动不已的劳拉以为鲍勃是真心悔改。不用说，他的悔改仅仅是一时的。

鲍勃这种感人的道歉对一些女人来说是一碗非常有效的迷魂汤：让她相信未来一切都会好起来。但希望必须导向正确的方向，否则只能带来失望。希望控制型男人突然悔改无异于痴人说梦（见第二部分“女人的重建”）。

期望他悔改、寻找魔法钥匙、对他怀有炽热的爱，这三者让女性处于非常不利的境地。面对男性的羞辱、恐吓和利诱，她选择忍气吞声，反而给了他凌驾于她之上的巨大权力：他现在只要变变脸色，就能控制她的言行和看法。

恐惧的圈套

恐惧会对亲密关系产生几个方面的影响，其中之一是生存的恐惧——害怕自己挣不到钱，害怕自己会受穷，害怕自己需要一个人挣钱养活几个孩子，害怕孤独——几个方面的担忧让一些女性不敢摆脱这种虐待关系（第十五章将详细探讨这些恐惧以及应对方法）。但早在女性考虑摆脱控制型男人前，这种恐惧就已经存在了，它恰恰是源于女性与男性之间的交流。

担心他给我添堵

控制型男人冲女方大喊大叫的时候，会让她以为失去了他的爱。她的幸福感过度依赖于伴侣的爱和认可，一旦他不再爱她，她就觉得天都要塌下来了。用罗莎琳德的话说：

当吉姆心情不好、不搭理人的时候，我就会觉得胃中灼热，然后这种感觉开始蔓延到全身。我皮肤紧绷、刺痛，两腿发软，好像连路都走不动了。我恶心想吐，浑身哆嗦，头突突地疼，心跳加快。这是我平生最难过的时候。这纯粹是出于恐惧吧。

找了控制型男人的女性对这种无能为力的恐惧感并不陌生。控制型男人让这些女性身心俱疲、痛不欲生，她们愿意不惜一切代价来避免这种痛苦，哪怕是忍受他的无理取闹。

你要切记，无论女方有多苦恼，控制型男人始终认为她的痛苦纯属咎由自取。他伤害她的时候，她不能喊疼，尤其是当他的行为的确造成了她的痛苦的时候。

担心他会使用暴力

担心失去对方的爱和受到感情伤害的同时，一些女性还担心如果惹得控制型男人不快，他会做出什么出格的举动。他们发火的时候非常吓人，这些女性担心他们的火气会升级成暴力，哪怕他从没真的动过她一根手指头。对于奈特让她担惊受怕，珞琳是这样说的：

奈特的脸涨得通红、脖子青筋暴露，脸都变了形。他发火的时候，总是喜欢摔东西，大喊大叫。我吓坏了。

虽说奈特从没对珞琳动过手，但他脾气暴躁，两人之间始终有要动手的气氛。

除了扬言要对伴侣动粗之外，控制型男人还会以自残或对孩子动手相要挟。如果伴侣没有按照他的意思做，他会扬言要断了她的经济来源，或者去另找一个女人，或者离家出走。对这些威逼和恐吓，女人越是一再忍让，在这段关系中她就越没有地位。当她觉得孤苦无助的时候，便更加惶惶不可终日。

为了不让自己生活在这种痛苦和惶恐中，许多女性的心理都产生了复杂变化。因为她们的幸福感取决于男人的心情，所以她们不能将自己的伴侣看成是冷酷无情、蛮不讲理的人，必须认为他们是充满爱意的。为此，她们必须改变对自己和对伴侣的看法，如此一来，在她们眼中这段关系就没有缺点和错误了。下一步——也是最危险的一步——就是说服自己："他这样对我，纯粹是我咎由自取。"

同谋

爱和恐惧虽然像两条绳索一样牢牢地束缚着一些女性的心理，但她们还不至于看不清自己的境遇。"我知道他很自私，但是我爱他"这句话，说明她还没到歪曲事实的地步。她清楚伴侣做得不好，但她将这理解为爱的一个小插曲。与此同理，常说"我忍着他是因为我怕他"的女性不是不知道自己受到了虐待，但恐惧麻痹了她的理智。

不幸的是，控制型男人还有别的本事将女人牢牢地掌握在手中，其中一招是让她相信，只要两人之间出现了矛盾，全是她的错。

一旦她信了对方的说法——他"优秀"，自己"拙劣"，他总是"对的"，自己总是"错的"，是她的缺点导致了他发脾气，无论他做什么，都是为了帮她完善自己——她便一步步地走进了一个危险的边缘地带，扭曲了自己的观念和认知。

接受他所谓的事实，就等于放弃自己的观点。她明知自己受到了虐待，却编出种种"理由"替他开脱。事情到了这个地步，她其实已沦为折磨自己的帮凶。她暂时舍弃了自己的理性判断能力，和控制型男人合伙欺负自己，同时还想方设法地为他的行为开脱。我将这个过程称为"同谋"。同谋助长和巩固了其他的圈套。

“他好，我不好”

一位女性给我的节目打来电话，开门见山地说：“我想控制一下我的醋劲儿。”询问之后我发现，事实是夫妻两人参加聚会，丈夫一贯对她不理不睬，跟个单身汉似的和在场的女人打情骂俏，过后却指责她吃醋。“你想控制自己的醋劲儿？”我说，“为什么不治治他的多情呢？”她肯定地告诉我，他做得没错，错在她自己。他直截了当地对她说，如果她能控制一下自己的嫉妒心，不那么自私，那就天下天平了。她明知自己不喜欢他的做法，但为了替他开脱，她不得不认为自己是个坏蛋，应该承担丈夫招蜂引蝶的罪责。他当着她的面跟其他女人打情骂俏，明明是侮辱她，瞧不起她，但她早就心甘情愿地扮演起他们婚姻中的“反派”。以往的经验告诉她，只要伴侣心情不好，就全是自己的错，绝对没有其他理由。对于许多被控制型男人迷了心窍的女人来说，把罪过一股脑儿地揽在自己身上，要比认清对方的行为绝不是出于爱要容易得多。

“他都是为了我好”

许多男人对女人大吼大叫，总是借故挑刺、骂人，不少女人为男人的这种行为辩解，认为他是在教导她，为了她好，那么，她其实是在给对方找理由。杰姬就一而再再而三地中了马克的计。

他接了一个单子，本来能拿一大笔奖金，但和从前一样，他没把这个承诺白纸黑字地写下来。说好了的一万美金奖金人家没给他，而是出钱安排我们去了一个破败的旅游景点。进了宾馆房间，我忍不住一阵作呕。我说那家伙对马克太过分了。他转过身，跟见了鬼似的打量着我，接着对我大讲道理，说我不识好歹、贪心、强势。他说我内心龌龊，什么信仰都没有，还说我只要学会别把钱看得那么重，说不定能成为一个好人。等他说完，我心服口服，认为他说得对，说得有道理。我十恶不赦，没有人性。我还深信，只有马克能改掉我身上的缺点，让我成为一个让他引以为荣的好人。

为推卸自己虐待、辱骂伴侣的责任，控制型男人往往会树立一个不现实的理想形象，让伴侣按照这个要求去做。在杰姬的婚姻中，她的性格缺陷是一个永不过时的主题。马克以终审法官自居，来评价她的一举一动。马克的所作所为对杰姬造成了毁灭性的打击，她完全认可了马克对她的负面评价。她现在的任务就是改过自新，好达到马克的标准。当马克抨击杰姬的个性时，和平时一事无成的他判若两人。

"我在努力变好""他不过是帮我改过""他是为了让我认识到自己的错误"和"我努力不辜负他对我的期望"等说法证明，一些女人的自我认知已被男人的诋毁扭曲了。她不仅为他的恶劣行径辩解，而且还把罪过都揽到了自己身上。

斯德哥尔摩综合征

明明受到了伤害却又说对方出于好心，这种情况不仅发生在依赖控制型男人的女人身上。在瑞典银行抢劫案中，人质非但不痛恨劫持他们的绑匪，反而为他们求情。他们这么做，为的是在生命受到威胁的环境中求生。但在银行抢劫案后，有好几名人质竟然对劫匪产生了同情和爱慕之情。事后，社会学家首次评述了这种行为，并将之命名为斯德哥尔摩综合征。随着国际恐怖主义的抬头，人们开始广泛讨论这种现象。

我深信，许多女人沉迷于和控制型男人的关系，是斯德哥尔摩综合征作祟。那些男人好像掌握着女人的自由，只在他认为合适的时候，施舍或打赏她一星半点。卡罗尔就属于这种情况，她来咨询前和丈夫本参加了一场夫妻关系恳谈会，意识到他们二十七年的婚姻出了问题。卡罗尔说到本的时候，就好像他是一个仁慈、亲切的监狱看守。

我真心想学插花，一直想学，但都没学成，他就是不肯让我去报学习班，说他一刻也不能见不到我。上次我不管他说什么，干脆直接去报了名。谁想他得知后非常生气，抢走了我的车钥匙不让我再去。但我不能发牢骚。他就这副德性，这么做只是因为他非常爱我。

卡罗尔不知不觉地体谅了暴虐成性的丈夫。她不仅替他荒谬的占有欲辩解，而且把他的控制欲理解为对她的“爱”。

为了减少伴侣给自己造成的痛苦，许多女人有意无意地做的所有事中最徒劳无益的是成为这种虐待行为的同谋。女人一旦成了她伴侣的同谋，她势必会对两人之间的实情视而不见。她歪曲事实以迎合自己的伴侣，说明她已经被迷了心窍。

第六章
他们为什么会如此行事

我过去对控制型男人的看法毫不客气，认为他们愚钝、蛮横、不可理喻、冷酷无情。这都没错——不过，现在该说一说他的全貌了。细思控制型男人内心的动机，我们不难发现，他们虐待自己的伴侣不过是为了掩饰他们对女人极度的惶恐。他们身陷对女人的爱的渴望和对女人根深蒂固的恐惧之间，始终无所适从。

这些男人和我们一样，都需要感情的关怀，希望被人爱，渴望安全感。作为成年人，我们靠身体的亲昵、感情交流和抚养儿女满足这些渴望。但对于控制型男人来说，这些渴望让他们感到恐惧。他们想与女人亲近这一正常的需要，又掺杂着担心她用感情将自己俘虏的担忧。控制型男人暗自认为，如果自己爱一个女人，这个女人就会利用他的爱占有他、伤害他，最后又抛弃他。他一朝赋予了女人这些无上、神秘的权威，女人就会成为他心头的一大祸患。

为了打消这些顾虑，控制型男人往往下意识地压制他生命中女人的权力。他有一个隐秘的信仰：只要能打压女人的自信，她就能像自己依赖女人一样，乖乖地依赖自己。女人没了底气，不但离不开他，也打消了他担心自己被抛弃的顾虑。

所有这些强烈又矛盾的情绪，使得控制型男人的伴侣不仅是他深爱的女人，也是他的出气筒，是他恐惧、担心和仇视的对象。

说到亲密关系，“仇恨”一词既有爆炸性又引人争议，大多数人恐怕不喜欢用这个词，但也许只有这个词才能充分诠释控制型男人对伴侣态度中表现出的敌意、轻蔑和绝情。

深究控制型男人潜藏的恐惧的成因——他的童年经历，我们才明白他为什么会如此行事。从他父母之间、父母和他之间沟通的方式，我们明白了他长大后仇恨女人的原因。

父爱和母爱，缺一不可

父母共同养育儿子，但也有着不同的分工。母亲哺育儿子，安慰他，照顾他；父亲则帮儿子摆脱母亲，免得他过于依赖母亲。不过，控制型男人的原生家庭往往不是这样。父亲要么一副冷面孔，要么唯唯诺诺，没办法让孩子脱离母亲，因此孩子别无选择，只好将母亲当作他世界的中心。

当然，这种局面不是父母某一方的责任。母亲非但不能满足儿子得到愉快和滋养的需要，反而还千方百计地让儿子满足自己的需要。很多婚姻不幸的女性借孩子解决她们自己的问题。无论母亲采取什么手段，严加管束也好，不闻不问也罢，最终都是同一种结果：儿子越来越离不开她。

长大后，他下意识地把依赖以及相关的矛盾和恐惧转移到他生命中的女人身上。控制型男人认为母亲权力通天，处处管着他，不喜欢他，打压他，让他觉得自己无能，或者对他提出种种要求，他现在认为伴侣也有着同样的权力。

父亲代替不了母亲，影响不了儿子，只会给儿子的心头留下恐惧、感情脆弱的阴影。

父亲是个控制型男人

妮姬来找我挽救她和艾德婚姻的时候，我告诉她，如果艾德愿意参与治疗，效果会更好，而且见效更快。艾德一开始怎么也不肯，他认为需要治疗说明他没用。不过，失去妮姬的担心终于占了上风。咨询过程中，我发现艾德和妮姬重演了他军人出身的父亲和母亲的婚姻关系。

艾德的母亲出身工薪家庭，是个胆小怕事的姑娘。两人认识的时候，艾德的父亲在她家附近的一座军营当兵。从一开始，艾德的父亲就对妻子颐指气使，有极强的占有欲。对男人和女人的角色，他自有一套说辞。从艾德记事起，他父亲常挂在嘴边的一句话就是："一个家总得有个人做主，那个人不是别人，就是我。"

"只有像父亲一样，你才不用怕"

艾德是家中的长子，下面还有一个弟弟，他从小就深刻地认识到，父亲在家中是绝对的权威，说一不二。一言不合，父亲就对妻子和两个儿子拳脚相加。他有洁癖，晚上回到家后，常常戴着白手套检查卫生。艾德回忆：

> 老天，他太凶了！他回到家，只要发现地板脏了，有灰尘，盘子乱放，他就让你吃不了兜着走。连妈妈都不能幸免。如果家没收拾好，他会扇她耳光。谁也不敢回嘴，谁也不敢问他。你只能按他说的做。他是个不折不扣的暴君，但能把事情管理得井井有条——凡事只有一个理，他的理。你可别跟他讲道理，因为没有他不懂的，连学习方面的问题也不例外。如果你在家跟他谈政治方面的新思想，会被他一口否决。

小时候，艾德发现唯一稳妥的办法是学父亲的一举一动。他发誓：

“等我长大了，我想对谁嚷嚷就对谁嚷嚷，想对谁吼就对谁吼，这样才像个男人。”

与许多父亲是暴君的孩子一样，摆在艾德面前的只有两条路：他要么学母亲，也就意味着懦弱、无能，成为一个牺牲品（艾德的弟弟就是这样，他胆小怕事、多愁善感，从没找到过一份长久的工作，三十好几的人了，还跟母亲住一起）；要么学父亲，掌握权力和控制力。艾德选择了后者。他效仿父亲，压制和欺负别人。

“父亲的道理是唯一的道理”

在这种家庭长大的男孩只能通过父亲狭隘、僵化的规律了解世界。他不能探索新思想，形成不了自己的人生观点和态度，也不能犯简单的错误。只要胆敢违背父亲的观点，他就要受到严厉的惩罚。只要他与父亲的观点不一致，那就是他学坏了。在父亲看来，只要儿子有不同的声音，无异于忤逆。“你学着点，”他记得父亲常说，“我不会输。我说了算。我会打仗，我手段高明。”

暴虐的父亲会营造一个小型的独裁王国，在这个王国里，只容他一个人说话。谁要胆敢发表异议，他就会大发雷霆，严惩不贷。孩子不能违背他的意愿，没有他们发表自己的意见或感想的余地。这种高压制度难免让孩子窝下一肚子的火，而且从来得不到发泄，久而久之，越积越多。

“要控制女人，只能靠打”

除了严禁孩子跟父亲顶嘴或发表不同的意见，暴虐专横的父亲也给儿子今后如何对待女人树了一个“榜样”。艾德告诉我：

我可怜的妈妈受不了他。他说风就是风，说雨就是雨。只要她不从，爸爸就动手打她。有一次，他揪着她，一把把她扔出了门外。我一直替妈妈感到难过，因为她根本不是爸爸的对手。

艾德从小就明白了一个“道理”，男人可以虐待女人，男人只有强势，女人才显得懦弱。艾德看着父亲虐待母亲，心里很不是滋味，但他心里也暗暗滋生出“瞧不起她”的情绪，因为她无力辩白，连自己都照顾不好。

控制型父亲养育的儿子从小就接受了父亲对女人的蔑视。他发现男人必须始终将女人捏在手里，还学会了掌控她们的手腕——恐吓、伤害和贬低她们。与此同时，要想获得父亲的认可，他就必须学会像父亲那样行事。

母亲是受害者

对丈夫的施暴逆来顺受的女人扮演的往往是一个受害者的角色，她的一举一动更像是一个无助的孩子，而不是一个成年人。她将做母亲的职责推给了丈夫，孩子都交给一个成年人来看管，那个人就是父亲。但是我们都知道，父亲着实令人生畏。母亲不愿履行作为母亲的责任，她不仅剥夺了孩子的母爱，而且置孩子在父亲的淫威之下于不顾。

“女人的要求太过分”

我还记得她跪在地上，抱着我哭，泪水打湿了我的衣襟。那时候我还不到六岁。她哭哭啼啼地说爸爸对她有多不好，她心里有多难过。她哭得我心里难过极了。她说我才是她的唯一，只有我才真心爱她。我暗暗发誓，我要不惜一切努力让她开心。

艾德的这番话不禁令人感慨万千，他母亲和他的角色和职责都颠倒了。母亲反倒成了一个被吓坏了的孩子，要人爱护，她指望艾德保护自己、爱自己。

但一个小小年纪的孩子怎能处理得了母亲放在他肩头的大人的问题？为了安慰母亲，讨好母亲，艾德努力过。他幻想着把母亲救出父亲的魔掌。可当他没本事减轻母亲的痛苦的时候，只能空留下深深的愧疚和失败感。艾德无力招架母亲无止境的要求，唯有无助和无能的感觉笼罩着他。

与儿子调换了角色的母亲往往向儿子传达了一个信息——他应该安慰、保护和照顾母亲。她忍气吞声，但又明白无误地告诉孩子，她被困住了，苦不堪言；她说不定还告诉儿子，她照顾不了自己，如果儿子不爱她，她就没了活下去的意义；她也许病病恹恹、萎靡不振，经常酗酒，或者做一些自暴自弃的事。无论她用什么办法告诉儿子自己非常受罪，结果都是一样：孩子认为自己有责任让母亲幸福、开心，他自认为应该拯救母亲。母亲强加给孩子一个他无力承担的责任，实际上是在他心中种下了怨恨的种子，日后他会转而对女人发脾气。

“母亲不能没有我”

艾德至今还在照顾不能自立、孤苦无助的母亲。艾德十二岁那年，父亲有了新欢，抛下他们母子三人，一走了之。此举给他们留下了挥之不去的心理阴影，而且也切断了他们的生活来源，无奈之下，艾德承担起父亲放弃的责任。直到现在，母亲还在靠艾德接济自己和小儿子。艾德下面的一段话，无意中让我知道他对母亲有多恼火。

总得有个人照顾他们吧。如果父亲没离开，又是另一种情况，但她始终没能跨过那道坎儿，所以我只好来管他们。最让我受不了的是，她连掌管家里的吃穿用度这点小事都做不好。我经常要过去看看有没有被断电。有时银行打来电话，说她又开了空头支票，我还得过去给她收拾烂摊子。

尽管艾德把妮姬当成了母亲的替罪羊，但当我指出他母亲才是他脾气暴躁的根源时，他却百般抵赖，因为承认这一点会让他觉得非常内疚，他只好冲妮姬发脾气。妮姬的说法证实了我的观点。

我真怕他过去看他妈妈，因为每次他回来后，不出一个小时就会发一通无名火。当然，我不敢说他其实是生他妈妈的气，不是因为我。也许他应该让她自己解决问题，而不是拿我撒气。

不能拯救母亲于水深火热，艾德从小到大都觉得自己没本事、没能耐。操纵包括妻子在内的每一个人，成了他补偿自己深深的无能和无助感的手段。

如果一个母亲过分依赖儿子，那么她其实是造成儿子日后对女人的需要感到恐惧和痛恨的根源。只要女人对他表露出痛苦或需要，他的第一反应很可能是厌恶、愤怒和蔑视，因为她让他想起了母亲的过分要求，让他觉得力不从心。

“天下女人都自私”

由于母亲的精力多半用在解决自己的痛苦上，几乎无暇顾及孩子的需要，因此孩子就一直得不到母亲的支持、爱护、指引和肯定。

只要是孩子，都渴望一份安全感，渴望得到父母的保护和爱。他们长大成人、独立自主需要父母的首肯。一个人只有在小时候依赖的需要得到了满足，长大后才能独立。如果依赖这个需求得不到满足，那么他心中会形成一个空洞，这种空虚的感觉将伴随他跨入成年。

艾德最初指望母亲爱护自己，指望她满足自己的一切需求，而母亲却连自保都做不到。父亲凶神恶煞，他也不敢去求他。艾德从父母那儿得不到这些需要，但并没有就此罢休：他将这些需求带入了成年生活，尤其是带入了恋爱和婚姻生活。作为一个成年人，他迫切希望伴侣能满足自己童年时的缺失。

别说妮娅，恐怕任何一个女人都满足不了艾德这些由来已久的需求。不过，由于他情感发育受到了影响，他并不能认识到这一点，于是他心情低落，看她不顺眼，对她大失所望。在他看来，这些感觉恰恰证明他对她不好，是她罪有应得。

经济拮据、受丈夫伤害的母亲往往有一个不可告人的秘密，是她把孩子当作替罪羊。她不仅不保护孩子免受暴虐的父亲伤害，还把他推到自己和丈夫中间，把他当作她的挡箭牌。

控制型男人是这样造就的

查理来我这儿咨询前，经历了三段婚姻。他和三个兄弟姐妹都出生在美国田纳西州东部。他父亲是一个有闯劲、有抱负的男人，从一个小木匠一路打拼到一家生意兴隆的工程公司的合伙人。查理的妈妈出生在乡下，家境贫寒，好不容易读了一个学制两年的大专，毕业后做了一段时间的会计，一结婚就辞去了工作。她丈夫脾气暴躁，把她当孩子管。久而久之，她心烦意乱、焦躁不安，遇上丈夫对自己动口又动手时，她常常拿孩子做挡箭牌。

“女人信不得”

我爸是个霸道、蛮不讲理的人。他经常在手边放把笤帚，如果你哪天犯了错，该做的事没做，他就拿笤帚杆儿抽你的脸。更糟糕的是，他让妈妈来安排我们做什么，可她经常忘了跟我们说。爸爸回到家，会问我们为什么没做。我们只好如实回答，说不知道要做什么，他就会扭头质问妈妈："你没跟他们说？"结果妈妈却说："我当然告诉他们了呀！"然后他会将我们一顿好揍，骂我们污蔑自己的妈妈撒谎。她出卖了我们，害得我们挨爸爸打，她自己却袖手旁观。后来我工作了，她又悄悄地偷我的钱，因为她怕爸爸骂她，说她不会过日子。她就像个无能的孩子，跟她比起来，我更像个家长。

幼稚、情绪反复无常的妈妈不仅需要查理照顾，还经常出卖他。她为了自保撒谎，导致查理经常挨爸爸的揍。这让他从中悟出了一个"道理"，女人无用，靠不住，不值得信赖。久而久之，他心中积满了无法对妈妈发泄的怨恨。

孩子对父母的期许不尽相同。但无论如何，母亲应该保护孩子才是，孩子犯了错也应该帮孩子挡着发火的父亲。父亲是一家之主，挣钱养家，解决家里的矛盾和冲突，制定家里的规矩和制度——这一角色往往赋予他至高无上的地位，不论他表现如何，孩子都要尊重他，死心塌地地爱他。许多受过虐待的孩子往往怪罪他们的母亲，而不怪虐待他们的父亲。一个格外认同父亲的孩子很难从父亲身上挑出毛病，哪怕父亲蛮不讲理。挨父亲打，母亲却不能袒护自己，男孩往往会迁怒于母亲，因为母亲是一切爱和安慰的源泉。

长大以后，查理特别喜欢像母亲一样没用、孤苦无依的女人。他下意识地要挽救她，了却他幼年没办法实现的心愿。不过，他的拯救欲望却伴随着同样强烈的，想要报复母亲给童年的自己造成的伤害的欲望。作为一个成年人，他现在可以实现埋在心里的欲望了，因为他现在不仅能挽救一个女人，还能把她攥在手里。

我的第三任妻子身高一米六三，体重大约四十五公斤。她一贯胆小怕事，一副战战兢兢的模样。我估计她只要树立信心，一切问题都能解决。所以我要鼓励她，给她信心。我要拉她一把，然后她会对我感恩戴德，永远爱我，我们一起过上美好幸福的生活。

查理对母亲的怨恨和需求都转移到了他心爱的女人身上。只要这个女人扬言要与他分手，就会点燃这种矛盾的感情。

每次她没按我的要求做，或者想疏远我，我都要让她问心有愧，我会说："我不惜时间、精力帮你。你怎么能狠得下心说和我分手，你这个笨女人！"嫌弃她的时候，我会说："我为你付出了这么多，你这个忘恩负义的女人。你这个废物，就会哭鼻子！"我不会动手打她，但我会用话语攻击她的软肋。她有什么短处我都清楚，我会揭她的短，刺她的痛处。我有办法让女人认为自己渺小、无用，离不开我。

查理认为，所有女人都和母亲一样，有可能伤害、背叛和抛弃他，他认为变着法儿报复女人、给她们敲敲警钟并不算过分。查理的父亲给他树立了一个畸形的榜样。

十八岁那年，我第一次结婚，我的婚姻观是男人掌权，男人可以不讲理，女人则是哭哭啼啼地提要求，做保证。

母亲大包大揽的时候

父亲是控制型男人，儿子长大后也成了控制型男人，这不难理解。但耐人寻味的是，在父亲委曲求全，母亲强势、独揽大权的家庭长大的孩子也会成为控制型男人。男孩瞧不起女人，并不只是效仿父亲。如果母亲管得太严，过度溺爱，他长大后也很有可能是一个控制型男人。

受害型的母亲保护不了自己的孩子，强势的母亲却又管得太多。这种女人独揽大权，家中的每一个人、每一件事她都要管。凡事她都要插一手，为的是让一家人明白，只有她才能解决问题。她放不下自己的孩子，孩子长大成人了，她还不肯放手。她如影随形，过多地干涉儿女的生活，卡罗尔的丈夫本的母亲就是这样。本五十岁刚出头，是位事业有成的财务人员。本的父亲是家服装厂的样板师，平时沉默寡言，总是一副垂头丧气的模样。本小时候，家里只有母亲一个人说了算。嫁了个窝囊废的丈夫，本的母亲于心不甘，她把一腔热情都投在了小儿子身上。为了拴住儿子，她什么都要管，儿子人到中年了，她也不肯放手。卡罗尔告诉我：

她一天至少要打一次电话，有时候甚至一天三四个。她每个星期天都要我们过去，想方设法地打听我们家的大事小事。本一向顺着她，从未拒绝她掺和我们的生活。

儿子不同于女儿，女儿跟母亲走得近，可以从母亲那儿学会如何做一个女人；但要想长成一个成熟的小伙子，儿子必须要离开母亲。父母爱孩子的唯一目标是让孩子能独立展翅高飞。母亲要认可儿子追求独立，一旦他需要，就鼓励他离开自己，还要教会他生活的道理。如果母亲愿意让儿子确立自己的身份，允许他冒险、犯错，在他需要自己的时候，随时出现在他身边，那么她就是在培养一个对自己的能力充满信心的男子汉。

然而，控制型的母亲偏偏什么都要管，让儿子觉得自己无能、无助，这样就压制和扼杀了儿子的成长。

“女人会摆布人，让我觉得自己无能”

应我的要求，在杰姬接受咨询期间，马克也来接受辅导。他说他和母亲的关系，从一开始就是为了争取自由和独立的博弈。马克的父亲是位工程师，经常出差，马克的母亲特别溺爱儿子。马克说：

> 我小时候，只要她不开口说我该怎么做，我就大气都不敢出。放学一回家，我就得练小提琴。如果我想出去玩一会儿，她不是说太冷，就是说太热。我真要出了门，她会拿着我的毛衣或手套，跟在我后面挥着，满大街地追着我。丢死人了，我恨不得找个地缝钻进去。我至今走到那条街，都仿佛还能听见她在我的耳边唠叨：“马基（马克的昵称），你忘了穿毛衣了。马基，你还没练琴呢。马基，马基，马基。”

与马克见了几次面后，问题渐渐暴露无遗，他母亲不再是一个对孩子关怀备至、爱唠叨、人畜无害的妈妈。她侵犯了儿子人生的各个方面，甚至想代替儿子去活。

小时候，马克请朋友到家里来玩，他母亲硬是要始终在场，还要制定游戏规则，她始终不离左右，监督他们的一举一动。她还管马克穿衣、吃饭，交什么朋友，看什么书。马克离家上大学前，他人生中的事务一概由母亲定夺。马克做的事只要违背了母亲的意愿，一准要接受母亲喋喋不休的教诲，有时母亲甚至会以死相逼。

她会说：“你这个忘恩负义的白眼狼，我这都是为了你好。”这不只是“妈妈是权威”，倒像是“妈妈无所不能”！

马克的母亲凡事都要管，不让他主宰自己的人生。因为母亲横插一手，他从没有表现自己能力和效率、独当一面的机会。

连小孩子都有犯错、体会新事物、以自己的步调探索周围世界的空间，但马克的母亲却主宰着他的一切，结果动摇了马克的自信。成年后，他认为女人个个都是恐怖、歹毒的魔头，处处管着他，剥夺他男子汉的权利。结果，他与女人的关系成了权力的斗争。

“我有权自作主张”

人的一生中，挫折和失败在所难免，能有礼有节地对待挫折和失败有助于我们清醒地认识自己和事实。父母教我们应对失败和挫折的方法，让我们摒弃“一切需求或愿望始终都能得到满足”这个不切实际的念头。如果一个孩子的希望落空，父母会告诉他“人生中会有许多挫折，但我们要学会接受它们”，这是教孩子面对现实，接受现实。

控制型母亲对儿子生活中的一切都大包大揽，妨碍了他学习独立的过程。儿子体会不了必要的挫折和失败，日后就难以应对人生中大的失意。在一次辅导中，马克告诉我：

妈妈以前不问前因后果，就会说：“这不是你的错，你什么都没做错。”她常常会一下跳起来说：“他们干什么了？是他们惹的祸，对吧？”依我看，就算我开枪杀了人，她也会说错不在我，怪只怪人家挡了子弹的道。

如果不给孩子面对挫折的机会——比如先哭，然后处理情况，接着再玩——而是由母亲在一旁一手包揽，不让他吃哪怕一点点苦头，长大以后，他恐怕连最起码的挫折都应付不了。

母亲始终不让儿子吃哪怕一点苦头，实则是给他传递了如下几条讯息：

- 你不必承受挫折。
- 不论你做错了什么，始终有人为你解决。

- 你天生是过无忧无虑的生活的命。

这种以自我为中心的不良讯息给了小孩子一种无限的优越感：他渐渐形成一种认识，只要是他想要的，没有他得不到的。

这种教育方法看似为了孩子，让孩子过着舒适、无忧无虑的生活，但其实是害了他。母亲事事都管着儿子，舍不得他吃一点苦，把儿子拴在身边，等于让他形成了这样一种认识：没了女人他活不了。这种做法让孩子产生了极强的依赖感，而且他会认为自己的伴侣也有和母亲一样的本事，对他管头管脚、发号施令，关键是让他觉得自己没用、心虚，逃不出她的手掌心。

如果孩子有一位可以效仿的、强悍的父亲，他也许能树立信心，摆脱强势的母亲，可惜大家都知道，强势的女人嫁的往往是唯唯诺诺、懦弱的男人，这样的男人很难给儿子树立一个男子汉的榜样。

父亲是个小男人

暴虐的父亲吓坏了儿子，把儿子赶进了母亲的怀抱；窝囊废的父亲因为孤僻、不近人情，也把儿子赶回了母亲的怀里。两种父亲都不能履行好自己的职责，帮孩子摆脱母亲。

懦弱的父亲一贯是个和事佬，一见到家中有了矛盾和问题，立即成了缩头乌龟，躲进自己的世界。

“男人斗不过女人”

马克八岁那年，父亲不再出差了。马克开心极了，他一直盼着父亲经常陪自己，现在他终于待在家里了，可依然没时间陪他玩，马克伤心又失望。

他要么成天上班，不见人影，要么就一个人待在房间里不出门。他每天至少要躲进那间屋子一次吧。妈妈追上去跟他吵架，他却认输，上楼待着。他经常在那儿一待一整夜。妈妈找他碴儿的时候，他干脆跟谁都不说话。

只要和妻子发生矛盾就躲开，马克的父亲向他灌输了一条“真理”，女人强势的时候，男人是斗不过她们的。

我这里讨论的不是天性内向、矜持的男人，轻言细语的男人显然也能和家人亲密相处。我说的是“窝囊废型”男人，他叫人捉摸不透，拒人千里之外；他一贯不与家人交流；他有一位强势的妻子，只要与她发生矛盾和冲突，他就直接躲得远远的。

有人总把这种忍耐和躲避理解为男人的宽宏大度。忍耐也是应对妻子发威的一个办法。“窝囊废型”的丈夫往往对妻子窝了一肚子的火，他非但不好好地发泄愤怒，反而以沉默、冷战或逃避来惩罚她，儿女们往往也跟着遭殃。这几招有效地保护了“窝囊废型”的丈夫，但同时也伤害了家人。忍气吞声的男人不肯沟通，常常让想与他沟通的人因无从下手而气恼和狼狈。

强势的母亲大事小事都要管，孩子最终会转向父亲，从那儿学几个对付她的招数。忍气吞声的父亲不肯面对强势的妻子，不仅放弃了教会儿子如何解决矛盾的责任，而且巩固了儿子认为女人都爱管闲事、威吓人的观点。小孩子会想：“你瞧，我爸都受不了我妈，不敢回嘴，我能有什么办法？”

这种做法给本来就觉得自己没用、不能自立的孩子雪上加霜，为他长大成人后和女人的相处蒙上了一层阴影。在马克和本看来，妻子只要露出想有些权力的端倪，就威胁到了男人的安全感。连她们轻声细语地提出异议，都被他们看作是女人企图控制他们。

有个强势的母亲，而自己又迫切希望控制女人，这样的男人往往会喜欢上与自己母亲性格截然相反的女人。不过，这种男人往往受女强人青睐，他在与她相处日久后，会逐渐把她变成一个胆小怕事的女人。他要做的是改写原生家庭的历史，造就一个“光鲜”的新版本。如果他能管住一个女强人，就等于证明了比起父亲，他更像个男人。他打赢了一场父亲不敢去打的战役。

父亲忍气吞声、母亲强势，父亲暴虐、母亲受虐待，是控制型男人最常见的家庭背景。不过，还有其他抚养儿女的方式深深地影响着一个男孩日后对女性的态度。

脾气暴躁型母亲

采用暴力、冷漠和严厉惩罚对付儿子的母亲只会让他觉得无助、没用和恐惧，让他相信：你娶了一个女人，就得忍受她的伤害。

珞琳记得奈特说过，他小时候，母亲经常粗暴地对待他。

他以前经常对我说，有一次他把脚翘在家具上，他妈妈一把刀就扔了过去。他也说过他妈妈动不动就无缘无故地拿皮带抽他。他把书丢在地上，或者把毛衣落在了学校，都免不了要挨揍。他给我的印象是，他整个童年都生活在极度的恐惧中。

无论奈特的母亲对他有多刻薄，他始终都离不开她，都指望她来满足他童年的需要。与受虐待的孩子一样，母亲的刻薄非但没把他推走，反而让他对母亲表现出强烈的依恋，期望母亲给他爱和慰藉。

父亲是女儿人生中出现的第一个男人，母亲也是儿子人生中出现的第一个女人。如果这个必不可少的重要女性带给他的是无尽的恐惧，日后他会对女人产生深深的仇恨和强烈的需要。

不闻不问型母亲

不闻不问型母亲冷漠自私，与强势的母亲恰恰相反，但两个极端的结果却极其相似。强势的母亲不许儿子经历挫折，儿子日后掌握不了应对挫折的技能。不闻不问型母亲却伤了儿子的心，伤口难以愈合，因此他长大后也应付不了人生的挫折。

葆拉介绍了丈夫格里的成长环境。

格里从小体弱多病，不是肺炎就是哮喘，到了十多岁身体才有所好转。他说他经常卧病在床，有一次他一躺就是一年多。他需要悉心的照料和爱护，谁知他妈妈只是偶尔看一眼他。他说他多半一个人孤零零地躺在床上，时间长了，他开始给自己编造一个个美丽的白日梦：妈妈进来看他，给他带好吃的，为他读故事，等等。他经常说她有多好，她有多爱他，但这跟我认识的那个女人根本对不上号。他妈妈对人冷漠，连对几个孙子孙女也不例外。我想象不出她是格里向我描述的那个女人。他似乎也摇摆不定，一会儿说她千好万好，一会儿又恨得咬牙切齿，说她对自己不管不顾。前一秒钟他还对我嚷嚷：“你这个自私冷漠的女人，跟我妈一个样！”没过一会儿，他又说她每个星期天早上怎么给他做华夫饼干。他终于告诉我，父亲发酒疯打他的时候，他妈妈却袖手旁观，不肯出手拦父亲，不肯护着他。十五岁那年，他妈妈生了个女儿，突然母性大发，把所有的爱都倾注到了女儿身上——反正格里是这样认为的。他想不通自己到底做错了什么，为什么妈妈不爱他。他千方百计地讨妈妈欢心，希望找回那份遗失的母爱，可惜她无动于衷，对他漠不关心。他研究生毕业时，她连一张贺卡都懒得寄给他。我知道，那件事伤透了他的心。

格里在梦中塑造了一个妈妈，营造了一个亦真亦幻的童年经历。长大以后，他认为女人一个个都冷漠、自私、靠不住，同时他又认为理想的女人应该乐善好施、抚慰别人受伤的心灵。“好女人”应该一心只想着他，围着他转。稍有差池，稍微漠视他的需要，都会揭开格里无助和无人疼爱的旧伤疤。

结婚后，只要葆拉关注她自己的需求和希望，格里就如临大敌，认为她想着自己，无异于抛弃他。葆拉告诉我：

我五年没回过娘家。那天母亲叫我回家看看，连路费都不用我出。格里一路吵到了机场：“你要抛下我了！你知道没人过问是什么滋味吗？你不是不知道，我小时候我妈经常对我不闻不问，你知道我有多害怕吗？可你不顾我的感受，你一点都不在乎！”他说得我好不内疚，最后都没回成娘家。

我们在第四章也看到了，格里连孩子的醋都吃，说葆拉只顾孩子，不管自己。

童年时，格里连最基本的需求都得不到满足；长大后，他连些微的挫折也不能承受。

什么事都能惹他发火，而且始终是我的错。有一回，他开车出门，车没发动起来，他就把钥匙摔在我身上，吼道：“你这个蠢货！都是你干的好事，平时不好好保养这辆车！”其实我从没开过那辆车。那是他的车。

格里发脾气跟车没关系，这事勾起了他心中的往事，让他想起了童年时母亲对他不管不顾的经历，以及他经受的种种挫折，他把葆拉当成了出气筒。

“懦弱可耻”

除了对儿子冷漠、不闻不问，让儿子郁郁寡欢，不闻不问型母亲往往因儿子提出的一些正常要求而惩罚他。这让他从中总结出一条“道理”：他的需求不可理喻、十分可耻。于是他千方百计地掩饰自己的脆弱。许多控制型男人往往靠欺负女人炫耀自己的男子气概，同时掩饰自己的脆弱。

他还由此总结出一条逻辑：如果他自己的需求不可理喻，那么伴侣的也不能例外。因为这些要求又勾起了他对往事的回忆，因此他必须一口否决。这也是控制型男人对妻子的情绪低落，甚至身体不适格外敏感的原因。

不闻不问型母亲也好，脾气暴躁型母亲也罢，她们的冷酷和漠然对儿子造成的伤害、屈辱贯穿了儿子的整个童年。这两种类型的母亲一手培养了控制型男人。这时候，如果有位好父亲出面压一压母亲的不当行为，或许会有一个截然不同的结果。但这种可能微乎其微。奈特的父亲生性孤僻，几乎不与儿子交流；格里的父亲是个暴虐的、动不动就发酒疯的酒鬼。伴随格里和奈特成长的是一种极度的空虚感。长大成人后，他们始终在寻找一个自己从未拥有过的温柔体贴的好妈妈型妻子。

有其父必有其子

否认或压抑并不能抹杀强烈的情感，恰恰相反，这种行为只会让怨气越积越深，最后迁怒于人。

查理后来才明白，他成年后对女人的火暴脾气源于从童年起对母亲由来已久的积怨。

妈妈对我的管控简直到了不可理喻的地步。我记得她能让我在椅子上一坐几个小时，一动也不许动，方便她看着我。她常说："你敢从椅子上下来试试。"我要是走到了门廊，她又开始嚷嚷："跟你说过多少次了，不许离开我的视线！"我只好又坐回椅子。我只觉得肚子紧绷，跟水泥做的似的，我头疼欲裂，神经突突跳个不停，好像随时会从椅子上掉下来。

查理迁怒于自己，继而又转化为身体反应。与其直接对母亲发火，还不如头疼、肚子疼好受些。渐渐地，每次他一生气，身体都有类似的反应。在辅导初期，发现身体的警示征兆和自己行为之间的联系后，查理特别激动。

我一向是这种感觉，腹中一紧，大脑神经又像小时候一样突突乱跳。现在我明白了，那是我心魔挣脱束缚的征兆，我不是恶语相向，就是想办法树立我的权威，教她明白这个家谁说了算。

查理每次生气，都会对妻子发泄一通，就像小时候想对母亲发火一样。他这么做不过是想算过去的旧账，只是找错了对手。

控制型男人天真地认为，他冲妻子发火是因为她做得不好，找妻子的碴儿要比追溯自己愤怒的根源简单得多。再说他自认为对妻子发脾气天经地义。这种自以为是一部分源于他小时候的经历，但很大一部分其实是源于我们的文化传统。

男人压迫女人的文化渊源

如今，关于女性权利和男性特权的法律法规已经发生了天翻地覆的变化，但许多男人依然坚信，男性的魄力取决于他们主宰和控制女性的能力。

我们的文化传统有时将女人描绘成男人敌视的目标，更加巩固了这一观点。文学作品、电影、电视剧中，女性常是挡箭牌、陪衬品和交换的筹码，女性频频遭到强奸、殴打和枪杀。色情作品传递着女人天性撩人心魄，男人对其施暴或强暴都不为过的信息。

在成年后对女人又恨又怕的控制型男人看来，这些文化内涵无异于给他们肆意欺负女性开了一张许可证。从《圣经》开始，将女性说成邪恶、罪孽之源的文化让控制型男人有充分的理由痛恨、戒备和辱骂女性。用心理分析学家卡伦·霍妮（Karen Horney）的话说："男人一贯乐此不疲地为自认为吸引女性的暴力行为开脱。"

除了妖魔化女性，这种文化还为男人树立了一个英勇神武的典范，要男人强大、独立、刚毅、主宰天下、不讲儿女私情。当然，他一定不能惧怕或依赖女人。恐怕谁也达不到这个标准，因为它容不得普通人的情感和需求。尤其对于那些因童年环境长大后渴望女性之爱的男性来说，这是不现实的。

婚外情

格里长大后，他渴望女性关注的需求发展成了道德沦丧的行为。他借心理医生的职务之便与许多女病人发生性关系获得控制权。格里将这看作一种途径，以缓解自己对女性安慰的渴求。

与此同理，许多控制型男人为了弥补童年时得不到的母爱，无休止地追求婚外情。

不过，了解控制型男人发展婚外情的根源并不足以抚慰妻子的心灵创伤。妮姬发现艾德出轨，是因为在他运动外套口袋里发现了一张女性内衣的收据。她告诉我：

无论我做什么事、见什么人，他都要吃醋，说我跟人家有私情，后来我发现他出轨了……我收拾东西打算回娘家，连话都不想跟他说。

艾德的行为是典型的嫉妒心和占有欲作祟。许多发展婚外情的控制型男人想当然地认为妻子也与他人有染。他越是内疚，越是将罪责推给妻子，把对方说成一个坏人，从而减少为自己的行为承担的责任，因为他认为妻子也愧对自己。

婚外情改变不了控制型男人抓住妻子不肯放手的秉性。

艾德回到家，见我当真要走，顿时六神无主。我这辈子也没见过一个一米八几的大块头警察哭成那样。他像个孩子似的，哭着向我求饶、认错。我心软了。他发誓，只要我不走，只要我给他一次机会，他就跟那个女人一刀两断。我给了他一次机会，没有离开。

在艾德看来，妮姬代表了他的母亲。他不能放走眼中这个爱护他的女人。

艾德千方百计地瞒着妮姬，但其他控制型男人却不想费这个力气。比如说奈特，竟然明目张胆地跟他手下的女雇员们勾勾搭搭。珞琳告诉我：

我最恨陪他参加公司的宴会，因为我还得装作没看见他向他的“心上人”献殷勤。他始终把我一个人晾在一边，人家都盯着我，他却跟这些女人跳舞，当着我的面跟她们眉来眼去、打情骂俏。太丢人了！

我恨不得找个地缝钻进去。

奈特借婚外情惩罚和羞辱妻子，同时也满足了自己心理和生理的需求。

还有些控制型男人靠婚外情树立自信，好让自己不再害怕没女人陪。在他们看来，婚外情是给自己留了一条后路。

出轨源于诸多因素，但控制型男人并非个个好色、不忠。对于出轨的男人来说，婚外情往往是他们解决童年时恐惧、需求和矛盾的另一个方法。

依赖和担心被抛弃

上文讨论的男人成年后对女人矛盾、纠结的心理，多半源于他们童年时与母亲的关系。我们也分析了他们是如何将这种情绪转嫁到伴侣身上的。当他们这样做的时候，渐渐相信自己和离不开母亲一样，也离不开他的伴侣。

这种依恋的本质是唯恐妻子会弃自己而去。他害怕又像从前一样孤独、无从应对，害怕种种渴求让他不知所措。年龄上，他是一个成年人，但心理上，他依然是那个战战兢兢的孩子。

控制型男人对妻子采取的种种控制手段，无非是因为他生怕被妻子抛弃。为了打消这个担心，哪怕用尽各种手段也在所不惜。为了打消自己的顾虑，寻一份安心，他不惜摧毁妻子的自信，将她控制在手心，免得她抛下自己。

第七章
她们为什么会爱上控制型男人

杰姬下定决心改变自己，最后却发现，她的一切努力仍免不了要重蹈父母婚姻的覆辙，不禁心灰意冷。她告诉我：

我决心要经营一个温馨的家，一家人互相尊重、和睦相处、其乐融融。我不想重复父母那种三角关系。但现在看来，我分明是在走他们的老路。

杰姬嫁给马克的时候，认为他帅气、开朗，是一个理想的人生伴侣。马克吸引她的显然是他外在的气质，但外在气质掩盖下的东西也深深吸引着杰姬。爱上一个人，我们总要给出种种理由，不过我们和谁相处、如何相处，多半取决于我们对父母婚姻的认识。

我和杰姬回顾了她原生家庭的生活方式后，她突然明白，往事已成云烟。懂得了作为成年人的选择和她小时候的成长环境之间的联系，她开始重新把握自己的人生，对自己有了一个清醒的认识。

许多人不敢回顾造就他们性格和经历的根源，认为过去的就过去了，回首往事无异于顾影自怜，沉浸在旧伤中不能自拔。不过，自我发现为我们提供了激动人心的新选择。我们越是了解自己性格的成因，越能顺利地摒弃于我们无益的行为和态度。

家人和家庭的意义

小时候，家人满足了我们基本的生存需要，他们也是我们了解世界的第一任，也是最关键的老师。他们教我们如何思考，如何认识自己，对别人应该抱有什么样的期待。父母对待我们的方式、他们之间相处的方式、他们的行为传达的要旨，以及我们内心处理这些信息的方式，奠定了我们的感情基础。

自我形象

小孩子以为父母无所不能，掌握着真理和智慧。因此，无论父母说什么，他们都认为这是千真万确的。父母对孩子做出评价时，这个意见往往会在孩子心中打上深深的烙印。如果父母说孩子乖巧、能干、可爱，他们会对自己有一个深刻的积极认识。他们会希望得到别人的优待，因为他们认为自己值得。

但如果一个孩子早期被父母评价为不乖、没用、讨人厌，他会变本加厉地证明父母的“英明”。

不少孩子童年形成的自我形象往往贯穿整个人生。从我辅导的控制型男人的妻子身上，我找到一个共性，我发现她们个个对自己都有一个从小就形成的消极认识。恰恰是这种破损的自我形象害得她们心甘情愿地忍受伴侣的虐待。

楷模

自我形象的形成并非一朝一夕，我们通过观察母亲的一举一动，学习怎样做一个女人，怎样与男人相处，而我们的父亲却是让我们知道男人怎么做事，怎么对待女人的第一任老师。此外，父母之间的交流为子女今后如何经营婚姻上了第一堂，也是最重要的一堂课。电影、电视节目或学校的启蒙老师都不如我们日日接触的父母，以及他们的婚姻更具示范作用。小时候，我们不知道还有许多其他经营婚姻的方法和技巧。父母的婚姻很大程度上决定了我们将来对男女关系的观点。

信息

孩子学习父母的一个方法是从父母的一言一行中读取信息。我这里所指的信息，与父母跟孩子间直接的语言交流无关，而在于孩子是如何解读父母的言行的。比如对一个小姑娘来说，虽然父母不会直截了当地否定她的意见，但要是父母一再打断她的话，或者叫她别出声，她很快就能明白，她的意见无足轻重。

我们从小接收、理解的信息决定了我们今后人生中的自我认知和自我定位，可惜我们意识不到这些信息的存在。回顾我们经历的一大益处是认清从父母那里读取到了什么样的信息。尽管这是一个痛苦的过程，但却有助于我们转变眼下的态度，甚至重新认识自己。毕竟这些信息是我们学来的，而任何我们学到的东西都有被遗忘的时候。

恶性循环

小时候，我们无法自立、别无选择，在强大的成人中间，我们显得那么渺小、无奈。如果生在一个郁郁寡欢的家庭，我们常常会暗暗发誓：等我们长大了，一定要比父母做得更好。

然而，我们只知道孩提时代学到的东西，长大以后，我们仍然会不断地追求能给我们带来舒适感和慰藉的由熟悉的人提供的熟悉的经历和关系。因此，不论我们发过多少宏愿，结果往往是重蹈童年的覆辙。

父亲是酒鬼的女人到头来却嫁了一个酒鬼，这便是一个很好的例子。她重温了熟悉的时光，如今她想说服自己，作为成年人，她有能力改写从前的家庭剧本，写出一个皆大欢喜的结局。父亲当初终日醉生梦死，给不了她想要的爱，如今她却将希望寄托在另一个醉鬼身上。

为了重温熟悉的一幕，加之期望一个皆大欢喜的结局，许多女性往往逃不脱迷局。尽管她们暗下决心，好好与丈夫相处，好好经营一段婚姻，可惜最终却躲不过一个雷同的结果。

我和杰姬一起回顾她的经历和家庭背景，发现许多她童年的生活模式分明是目前与马克的症结所在。我庆幸在杰姬的案例中，咨询不仅对她和马克有效果，也适用她母亲珞琳。珞琳原本是来帮杰姬解决家庭矛盾的，谁知却留下来解决了自己的老问题。她用隔代人的眼光看待家庭模式，对我来说是一个宝贵的经验。

杰姬的家庭背景

杰姬的妈妈珞琳十七岁那年认识了奈特。在奈特眼中，珞琳仿佛一朵淡雅、漂亮、诱人的小花，只可惜生在穷乡僻壤。她酷爱艺术，家境贫寒却坚持学习了舞蹈。奈特痴狂地爱上了她。奈特仪表堂堂，爱慕他的姑娘不知有多少。他有能力，有抱负，也有魅力。在众多人中，他独独看上了她，珞琳非常开心。

奈特性欲旺盛，珞琳天真无邪，两人很快偷尝了禁果，结果珞琳怀孕了。在家人的催促下，她和奈特仓促结婚。无奈之下，珞琳放弃了做舞蹈家的梦想，奈特也只好退学找了一份工作，放弃了做医生的梦想。他们的青春匆匆而过，很快他们双双觉得自己受了骗。

从结婚那天起，珞琳和奈特的关系就可谓狂风暴雨一般。奈特对娇妻的爱慕很快就成了嫉妒心和占有欲。他要掌握妻子的一举一动，想让她听任他的摆布，他动不动就发脾气，对她恶语相向。冷静下来之后，他仍热情如火，但发起火来，往往叫她终日郁郁寡欢，以泪洗面。十八岁的年纪，珞琳却要担负着婚姻和养育一个宝宝这个天大的责任，再加上奈特反复无常的态度，珞琳的独立精神被碾压得支离破碎。杰姬就是在这样的家庭中出生的。

母亲是个忍气吞声的榜样

杰姬最早的记忆是妈妈没关碗橱门，父亲对她嚷嚷。

他骂妈妈自私、懒惰，是个十足的蠢货，接着把锅碗瓢盆一股脑儿地扔出了门，叫她去捡回来。我看见妈妈浑身发抖，脸上挂着泪水，但她一声不吭，按他的要求去做。

珞琳不想着反驳或为自己辩白几句，事后却向杰姬诉苦，说自己苦不堪言，但又无能为力。珞琳有意无意地为女儿树立了一个非常有说服力的榜样。

“不惜任何代价维持婚姻”

杰姬说的碗橱事件反映了珞琳和奈特婚姻中失衡的话语权和权力。小杰姬从母亲对父亲的虐待忍气吞声中读取的信息是，面对男人的挑衅，她只能唯命是从、忍气吞声。从父亲的行为，她了解到男人可以为所欲为，女人只能忍受。

这一幕暗含的另一个信息是，如果母亲已经自身难保，哪里还顾得上孩子？换句话说，如果父亲转而拿杰姬撒气，母亲是指望不上的。

虽说父母的行为向孩子传递了这样和那样的信息，但是只有反复出现的主题才会形成孩子眼中世界。如果女儿看到母亲对父亲的身体和精神虐待忍气吞声，她会认为男人可以对女人为所欲为。一个受到虐待并选择忍受的女人其实是教女儿，女人要想留住男人的心，必须忍气吞声。

珞琳一再忍受奈特的虐待，也让杰姬明白了一个“事实”：她离不开丈夫。杰姬告诉我：

我实在想不通，父亲那么待她，我心目中优秀的妈妈何苦非要跟着他。连我这个小孩子都看得出，他看不上我妈妈。我问她为什么苦撑着不走，尤其是爸爸骂得她哭哭啼啼的时候，她会说：“我能去哪儿？我做什么去？谁来照顾我们？”

杰姬从父母的相处模式中读到了一条信息——女人如果没了男人，就没法在这个世界上活下去。女人没用，要靠男人。男人有权发号施令，女人只能唯命是从——这几点深深地烙进了杰姬的脑海。长大以后，她坚信女人应不惜一切代价找个男人，哪怕这个代价是丧失尊严和自我价值。

女人是附属品的文化背景

很多人会认为女人不如男人，认为女人撑不起一个家，需要男人赡养。电影、电视或文学作品塑造的男人一般比女人强壮、能干、聪明，而女人的形象往往多愁善感、优柔寡断、浮躁、消极、缺乏逻辑、玩弄心机，甚至歹毒刻薄。这些旧观念让年轻姑娘更加不能认清自己的优点和价值。

加之社会对男孩和女孩欣赏的方面也有差异——人们往往称赞女

孩的素养和相貌，却推崇男孩的学习成绩和强壮的体魄。很多人认为女孩不必探索、驾驭人生，而是要培养左右别人的手腕，好利用男人为她挣得一席之地，女孩要掌握的是如何伺候男人。

即便是在女孩长大成人后，许多人依然认为女性难以把握人生。我们往往把人生的决定权交给他人，渐渐形成了人生是上天的安排这个观念。童年时认同母亲这位极度依赖他人的、无用的榜样巩固了这种信念，最终让许多女性走上了不幸婚姻的不归路。

重言传，轻身教

对孩子来说，身教的影响远大于言传。如果一位母亲教导女儿，别被男人掌控住，或者别让男人虐待、辱骂，但她却在自己与丈夫的婚姻中树了一个截然相反的榜样，女儿恐怕只会记住她的行为，而不是语言教导。

葆拉嫁给格里前是一位事业有成的商业艺术家，她说她母亲非常赞成她创业，并且从精神和经济上都大力支持自己。

我妈是位才女，在绘画方面小有成就，也取得了一定的收益，但我爸偏偏对她百般挑剔。妈妈作画的时候，他会站在她身后，一脸不屑地说：“你这辈子也成不了毕加索，亲爱的。”我十四岁那年，妈妈彻底封笔了。我问她为什么，她说：“你爸不喜欢我的画，我画画又有什么意义？”你瞧，她总是告诉我人要有爱好，无论别人怎么说，都要坚持自己喜欢做的事，但她却因为爸爸不喜欢，就放弃了绘画。我很生她的气。

葆拉从这件事中领会的要义是，独立、事业和成功固然重要，但是那些不属于她。后来，葆拉嫁给了格里，婚后不久，格里就对她的工作吹毛求疵，她迅速就辞去了工作。“我恐怕是更想要得到他的认可吧。”她告诉我。尽管母亲口头上支持葆拉追求事业，但母亲放弃自己的事业这个榜样对葆拉的影响恐怕要大得多。

即使一个女人不受母亲这个榜样的影响，取得经济独立，她仍可能认为自己低男人一等，允许自己动不动就受到伴侣的精神虐待。罗莎琳德和劳拉就是两个很好的例子。我在前文中指出过，一位在工作或职业领域中有主见的女人，在她最亲密的关系中，仍然可能像个长不大的孩子。

双重认同

可喜的是，孩子具有很强的适应能力，即便家庭矛盾重重的孩子也能从中吸取到积极有益的东西，长大后形成阳光的性格。比如说，杰姬就从父亲的攻击性中学习并形成了某些积极的性格，让她在职场中如鱼得水。许多成长在父亲暴虐、母亲忍气吞声的家庭中的女性，从母亲那里继承性别认同的同时，也多少会习得一些父亲的攻击性。在父母一方明显强势的家庭中——父亲也好，母亲也罢——孩子往往下意识地认同强势一方的许多性格特征。不过，和我认识的许多女性一样，杰姬本以为从父亲那儿习得的魄力只能用于职场中。在接受我辅导的过程中，她高兴地发现，这些魄力也能在婚姻生活中展现光彩。她已经掌握了这种才能，现在要学习如何将其用于同马克的婚姻生活中（我将在本书的第二部分详细探讨这些技能的运用）。

担心失去父爱

杰姬五岁那年，母亲珞琳再次怀孕。不巧的是奈特那时候的薪水大部分来自提成，时高时低。珞琳妊娠反应特别大，又为多个孩子多张嘴愁得夜不成寐。她心情低落，怀孕期间多半时间躺在床上。杰姬记得那段时间父亲对自己的态度急转直下。

那天晚上，我们一家人正吃着饭，我不小心把牛奶洒到了桌子上。我爸开口就骂。他以前从没对我大声说过话。他气得脸涨得通红，脖子上青筋暴露。我真的吓坏了，生怕他对我动手。他骂我把家里搞得乱七八糟，说他为了养活我们，拼死拼活地工作，我却只会给他添乱。接着他命令我把桌子擦干净，他站在一旁盯着我，又吼又骂，让我一滴牛奶也不许落下。我哭得泪眼模糊，连地板都看不清。我当时的感觉就好像到了世界末日，觉得他一辈子都不会喜欢我了。

对担心失去父爱和母爱的孩子来说，他们体会到的是真真切切的痛苦。孩子往往没有“事情终究会过去”这个概念，他们以为自己正经历的苦痛永远都没有尽头。

由于孩子身心的成长完全依靠父母，所以父母的爱绝非可有可无。如果父母吝啬表达爱意，成天沉默寡言，孩子对“依恋父母”这一正常的需求会更加强烈。父母越是板着一副面孔，孩子越怕父母抛弃自己，越是千方百计地迎合父母，希望得到父母的亲昵。在无所适从的孩子眼中，爱孩子又伤害了孩子的父母如同一个巨人。这个巨人用恐吓和爱要挟孩子，达到左右孩子人生的目的。这种情况下，孩子必然会调整自己的行为，一方面迎合父母，一方面避免惹父母发火。

父亲和女儿之间必然会有矛盾和分歧，但如果父女间的主调是慈爱和尊重，女儿会形成对男人的信任和安全感。父亲是女儿人生中接触的第一个男人，他树立的榜样，是女儿今后对男人寄予希望的模样，他对女儿的态度也决定了她的自我认知。

爸爸说的就是真理

杰姬把父亲每次骂她的话都当真，而不是当他在发脾气、挑她的毛病、找她的碴儿。父亲的话仿佛一记记重拳，打在她的脸上或胸口，将她的自信打得粉碎。

动不动对孩子恶言恶语，会让她认为错在自己。因为孩子想不出无所不能、神一样的父母能犯错，无论父母说什么，他们都一概奉为真理。如果孩子读取到的信息是肯定和积极的，他们的自我评价也会积极乐观。可惜对于许多孩子而言，一次次的责骂抹杀了他们的信心。

奈特对杰姬的评价让她深信不疑。长大以后，每次丈夫用类似的话批评她，她又自然而然地想起了自己是个“坏丫头”。

认为自己是个“坏人”的孩子，长大后无论什么事出了错，都会把责任揽在自己身上。

“认错”

杰姬六岁那年，妹妹克莱尔出生了。同一时间，奈特升任一家运动用品商店的经理，收入增加，前途一片光明，于是一家人搬到了一处大些的公寓里。珞琳对克莱尔百般宠爱，这是杰姬从没享受过的待遇。杰姬很快明白，克莱尔才是家中的小公主。克莱尔的出生扭转了一家人的运气。奈特拿杰姬对小妹妹的妒忌说事，认为她不如妹妹。只要家中发生矛盾，他都责怪杰姬。尽管他时不时地对珞琳恶言恶语，但他现在发现杰姬是一个更好的出气筒。所以只要他稍不顺心，就觉得是杰姬的错。

奈特拿杰姬撒气，实际上是把她当成了全家的替罪羊。奈特这种人多半不肯承认自己的缺点，受不得委屈，一般会找一个比自己弱小的人为自己承担罪责。这时候，孩子便成了替罪羊的理想人选，因为他们弱小、不能自立，认不清世界。

肩负着全家的替罪羊这一“重任”，杰姬始终摆脱不了“她应该为人生中的所有错误负责”这一观点。

但她妹妹却无须承担这些罪责。这并不是什么特例。如果一家有两个孩子，很有可能会受到截然不同的待遇。结果，同一家庭环境中长大的两个孩子，却有着两极分化的性格，长大成人后，他们的人生和婚姻关系也会完全不同。

爸爸发火都怪你

珞琳唠叨杰姬这也不是，那也不对，做什么都会惹父亲生气，她无意中让女儿认为自己是全家的罪人。“爸爸生气都怪你……”珞琳每次都会以这句为开头，接着为奈特的荒唐行为找种种理由。

只要我说话声音太大、吃饭太快，只要爸爸下班回家我没及时迎上去，妈妈就会说我要惹爸爸不高兴了。我每时每刻都在想：“我做错什么了？我说错什么了？我为什么就不能乖乖地让爸爸爱我，不惹他生气？”我一天要保证一千次、一万次，一定要做个乖孩子，再也不惹爸爸不高兴了。

珞琳使了一招乾坤大挪移，将奈特的一部分怒气转嫁到了女儿头上。杰姬承担起了这个责任，认为只要父亲不高兴，她就要负责为他消气。结果，杰姬本应学习为人处事的工夫，全浪费在帮妈妈维持家中安宁上了。“别惹爸爸生气”成了母女俩奉行的格言。

男人的脾气你一辈子都摸不透

奈特并不是天天对杰姬骂骂咧咧。他宠爱杰姬的时候，恨不得把她当作宇宙的中心，对她简直是百般宠爱。爸爸不冲她发火的时候，简直就是一位了不起的英雄，而她又成了爸爸心头的宝贝女儿。

我特别想要一双冰刀鞋，爸爸一直表示要给我买，可惜我的脚特别瘦，所以很难找到一双合脚的冰刀鞋。准备给我买冰刀鞋的那天晚上，外面下起了滂沱大雨，但为了我，他冒着大雨冲了出去，一连跑了八家店，才找到一双合我的脚的。他十点多才回到家，那时候我都已经睡着了。他走进我卧室的时候，我醒了，我一辈子也忘不了他脸上挂着的微笑，他轻手轻脚地把冰刀鞋放在我的床脚。我太爱他了。爸爸肯不辞辛苦地冒雨为我买冰刀鞋，我认为他是全世界最好、最勇敢的爸爸。

为了女儿不辞辛苦的好爸爸和脾气暴躁的爸爸把小杰姬弄糊涂了，她看不清男人的真面目。时不时享受着父亲宠爱的杰姬，反而更受不了他勃然大怒。

你别无选择，只能爱他

杰姬左右为难，父亲爱她宠她的时候，她的心情仿佛飞上了云端；当他换了副模样，她又觉得害怕、孤独、迷茫。

杰姬与马克结婚后，她发现自己的经历和从前如出一辙。马克爱自己的时候，他们如胶似漆；马克心情不好、冲她发火的时候，她又如坠深渊。不论她是喜是悲，她都要全心全意地爱马克，忠于马克，就好像她小时候对待父亲那样——即使父亲虐待她。

杰姬的行为可以归结为一句话：你的感受不值一提，就算一个男人对你再不好，也由不得你不爱他。

"你要学会忍气吞声"

凡是受过虐待的孩子都会感到非常生气。人家待你不公，你怎能不生气？你被人打骂，哪能装得像个没事人一样？杰姬也不例外。但和许多孩子一样，杰姬无处发泄愤怒。

一次我在饭桌上说了一句爸爸不爱听的话，他竟然说："你怎么不被噎死！"一听这话，我的眼泪夺眶而出，仿佛被人捅了一刀。我丢下饭碗，跑回了卧室，哭得昏天黑地。满脑子就想着一句话："你怎么不被噎死？你死了算了！"我悲愤欲绝。后来妈妈走进卧室，对我说："你赶紧回去吃饭，不然你爸真要被你气死了。"我刚坐下，就听她在我耳边小声说："快向你爸道歉。"每次他骂我、羞辱我，我都得忍气吞声。

愤怒是人类的正常情绪，孩子或多或少都有过这样的体会，可惜许多父母却不懂如何解决。他们往往错以为孩子生气，是因为自己没尽到父母的责任。碰上孩子发脾气，许多父母都觉得孩子失去控制了，自己对此无能为力。孩子的愤怒情绪需要发泄，但要有理有度。父母要教导他们，愤怒没错，但愤怒并不等于就可以去踢小狗、打人、摔东西。父母教会孩子恰当地表达情绪，是给孩子上了他人生中的重要一课。

女孩排解情绪的文化禁忌

我们往往鼓励男孩通过体育运动、打架、公开竞争排遣一大部分挑衅和愤怒，但女孩却远没有这么多选择。她们从小所受的教育多是要彬彬有礼、脾气温和。女孩如果通过大喊大叫、打架，或参与对抗性的运动排遣愤怒，往往被称为“野丫头”。虽说生活中也有许多“假小子”，但大多数女孩学会了通过八卦、骂人、挖苦人排遣愤怒，当然，生闷气、噘嘴、哭鼻子的也大有人在。

恨自己没出息

当言语攻击不足以排遣愤怒的时候，很多女性常常将愤怒生生地埋进心里。遗憾的是，愤怒这种强烈的情感即便无法正常地表达出来，也并不会凭空消失，而是会另寻排遣的通道。对许多像杰姬一样受到虐待的孩子而言，这个通道往往是她自己。

杰姬转而恨自己没出息。她恨自己不该生父母的气，认为自己这样实属大逆不道。不用说，愤怒转而成了自怨自艾。

杰姬后来为了掩饰和弥补她的愤怒，曲意向家人和她自己证明，她真的是一个听话、懂事、可爱、乖巧的孩子，关键是不会生闷气。她变得极其乖巧、极其温顺，事事忍气吞声。许多女孩受到的恰恰是这种教育，并且将这种态度一直带进成年。

这种排遣愤怒方式的一个弊端是让她的情绪陷入了恶性循环。她越是曲意逢迎，她的感受和需要越是得不到关注，也就越发愤怒，进而她更加委屈自己去排遣愤怒。这是受到虐待的孩子走上的一条不归路。

如果你心情不好，说明你是个坏孩子

父亲说恨不得杰姬被噎死才好，她含着眼泪丢下饭碗的行为，也进一步引发了父亲的不快。一家人都会把杰姬当作坏人，好像错在杰姬似的。对于奈特的残暴，没人敢发声。这样一来，受到父亲伤害的时候，杰姬不但不能排遣愤怒，而且不能“喊疼”。

如果不许孩子表达痛苦，她领会的一个负面的道理是：只要心情不好，就说明自己是个坏孩子。由此她很可能还会总结出一个“道理”：如果她需要安慰，那就说明她很丢人，讨人嫌。杰姬回忆道：

爸爸一说难听的话，我就哭，然后他马上就会取笑我。他会学着我的哭腔说：“瞧你那个丑样子，鬼都不想看。”他说我讨厌，叫我“不许哭”。

杰姬长大后，每当事情出了错，她都有一种孤苦无助的感觉。一遇到伤心事，她不是寻找安慰，而是斥责自己，这对她无异于雪上加霜。说到丈夫马克对她凶巴巴的态度，她说：

我烦透了我的样子，烦透了我这副德性。我坐在那儿，哭得像个孩子。怪不得他烦我。

杰姬一感到心里不畅快，就惩罚自己。她走起了当年她爸爸走的老路子，成了自己最险恶的敌人。

成年人的某些抉择，比如离婚或分手，必然会伴随着痛苦。如果迟迟不做抉择，一味地自责、自怨自艾，痛苦只会越来越深。

人生如戏

我记得最清楚的是每当我爸快到家的时候，空气中就立刻弥漫着一股紧张的气氛。我和妈妈、妹妹在家的时候，气氛轻松惬意，可一听见钥匙插进锁眼的声音，气氛顿时就变了样。我们个个战战兢兢，猜不着他进门时是什么心情。家中常常会出现这样一幕，我们满屋子找小虫子，匆忙收拾东西，或者等在门口，随时准备为他递上饮料、拖鞋、报纸来讨好他，免得惹他不高兴。

总是有泪水、哀求、尖叫和威胁的暴力即将爆发，然后归于平静的时期。

杰姬上文说到的紧张感是家中凌乱和反复无常的行为的直接体现。大家都捉摸不透奈特的心情。家里总是充满泪水、哀求声和尖叫声，随时都有肢体冲突可能会发生，但是紧接着又是一段时间的平静。杰姬记得，不知道有多少次，父亲一发火，母亲就大哭、哀求、讨饶，但要不了一会儿工夫，两人又和好如初。她原生家庭的“气候”是一会儿暴风骤雨，一会儿云开日出，叫人无所适从。杰姬总结出一条“道理”：制造戏剧性冲突是爱情中必不可少的一个部分。

在这种家庭长大的孩子都把吵闹误当作爱情。长大后，他们会把这些元素当作爱情的调剂。久而久之，他们渐渐迷恋上了做戏。

做戏能有效地掩饰婚姻和爱情中无益和幼稚的一面。喧闹让处于混乱情绪中的人当局者迷，分不清方向。夫妻双方往往斗得难解难分、筋疲力尽，没工夫细想隐藏其中的问题。

在充满戏剧性冲突的家庭中长大的孩子，往往以为紧张气氛是爱情不可或缺的一部分。这样的女孩是风流倜傥、脾气暴躁的控制型男人的最佳伴侣人选。夫妻打架、战战兢兢、事事夸张对她来说是再正常和熟悉不过的事。她认为只有经历过从绝望到欣喜、从恨到爱、从谩骂到甜言蜜语才算得上是真爱。

控制型父亲和青春期女儿

下面这段文字是杰姬应我的要求写给父亲的一封信，我希望她在信中谈谈她在青春期时与父亲的关系。

我爱你，崇拜你，可每次你冲我发脾气，我都吓得浑身发抖。我千方百计地讨你欢心，可无论我怎么做都远远不够。你总拿我和我的朋友做比较——谁谁比我漂亮，谁谁比我聪明。无论我取得了什么成绩，你都把它说得一文不值。可如果我没取得你要求的成绩，你又说我没出息。你一向喜欢当着他人的面让我出丑，说我不行。我真的不知道你到底要让我怎样做。

杰姬青春期那段时间，得不到父亲的支持和鼓励不说，反而遭到父亲变本加厉的为难。

后来，我好像犯了滔天大罪——我结交了男孩子。我很受欢迎，但正因为如此，我担心我永远失去了父亲。他气坏了。只要一见到我，他都要和我大吵一架。他开始不给我零花钱，不给我买衣服。每次我想要什么东西，都得苦苦地求他。只要我有约会或者和朋友出门，他总是想办法阻挠。每次我刚一进门，他就开始问东问西，我出门在外的每一分每一秒都要向他交代清楚。他这是千方百计地不让我独立。

父亲放心不下青春期的女儿，担心女儿鲁莽地过早偷尝禁果，也在情理之中。但奈特对杰姬的态度不但过火，而且也伤害到了杰姬。奈特对女儿的纠结和不舍，不仅转化为强烈的嫉妒心和占有欲，而且无异于将女儿从身边推走。没完没了地找碴儿、挑刺，为了鸡毛蒜皮的事小题大做，他把女儿拖进了一场无休止的战争。

一个女孩从童年开始的所有经历开始融合，形成一个成年人。

青春期是女孩成为女人前的最后一站，她开始融合自童年起的所有经历，渐渐形成对今后人生的认识。这是她极其缺乏信心的一个阶段。她的情绪自有主张，让她看起来总是喜怒不定。所以，孩子的青春期是全家人的头痛期。青春期的少女渴望独立，但也离不开家人的支持。

奈特在这个节骨眼儿上对杰姬的态度让她以为自己很不正常。他让女儿以为展露女性魅力是有罪的，越渴望独立就越证明她没出息、一无是处。杰姬自然而然地认为自己是个“坏女孩”，进而伤害了她的自信心。

到头来嫁了控制型男人的女人，家庭背景多半与杰姬极为相似：父亲暴虐、掌管家中的大权；母亲唯唯诺诺，缺少主见。各种形式的精神虐待在所难免。如果还存在殴打或性侵犯的话，对孩子成长和自信将是毁灭性的打击。

身体和性虐待的后果

南希第一次来找我咨询抑郁和超重等问题的时候，她竟然不记得自己小时候受过虐待。在心理辅导过程中，我才渐渐了解到她父亲一向蛮横霸道。那时候，她才明白了杰夫虐待她跟她小时候的遭遇不无关系。南希渐渐习惯了父亲和杰夫靠恐吓与殴打来控制自己。天下遭到虐待的儿童都一样，南希动不动就挨打挨骂，她反而认为是自己的错。结婚后被贴上“坏人”的标签，她已经习以为常了。

遭到性侵犯的女孩，难以启齿的羞愧往往让她陷入深深的自责。乱伦的混蛋往往把自己的罪责推到被他欺负的孩子身上。女孩渐渐认为自己下作、肮脏。童年时期为了生存而忍受侮辱、背叛和侵犯的女孩，长大结婚后往往重蹈覆辙。

乱伦这种严重的罪行如今终于引起了人们的关注。这种经历会给女孩留下刻骨铭心的创伤，也会扭曲她的人生观和价值取向。

第八章
疯狂的控制型关系

控制型男人总是借故找碴儿、挑起事端，但其实他与伴侣都不喜欢这种状态，也并不开心。然而大家都看到了，吃苦的往往是女人。两人的体力和权力极其不平衡，女人受了苦，还得和伴侣像一根绳上的蚂蚱一样拴在一起，我称这种情况为“疯狂的控制型关系”。

两个人相处，难免会有一个人掌权，从而出现权力失衡。和谐的夫妻关系，两个人多半有商有量。然而，在控制型关系中，只能男人说了算，女人没有说话的权利。

控制型男人及其伴侣往往从小就以强大和弱小衡量世事，认为自己懦弱、无能。但成年以后，男人显得强大，因为他强势、好斗、一副凶神恶煞的面孔；女人却显得软弱，因为她不敢惹男人，只好忍气吞声，满足他的需要。但这不过是表面现象，表面之下事实远非如此。

委屈的互换

我们往往会迷恋上帮我们发泄那些让我们不舒服的感情的人。这给那些令人感到羞耻的冲动找到了一条发泄的路径。正因为如此，许多女人被控制型男人所吸引，看中他们的魄力、强悍和活力，看中他们想发怒就发怒的做法。

如果一个女性从小不敢发脾气、憋在心里，她往往指望控制型男人替她发泄一部分怒气。

然而，控制型男人恰恰耻于承认自己的需要。他之所以看中自己的伴侣，是指望她替自己表达一部分脆弱的感情。

对控制型男人和他们的伴侣而言，无论是他们之间互相吸引，还是他们替对方发泄隐藏在内心深处的情感，都不是有意为之或者刻意安排的。但是这种无意识的情绪交换，却是维持他们关系的强大而隐秘的力量。

依赖感互换

控制型男人觉得悲伤和无助感令人不适，所以一般不愿外露，脆弱可不是他心目中的男子汉形象。不过，他的悲伤和无助感并没有消失，就像愤怒一样，这些情绪和感受必须要想办法排遣。当他的伴侣表露这种情绪的时候，控制型男人也算是间接地得到了发泄。况且，把她掌控在手中，他会觉得自己仿佛又控制了内心那个吓坏了的小男孩。

这种负面情绪和感受的互换，有两个固有的弊端。一方面，对于控制型男人来说，女人表露的痛苦恰恰是他又恨又怕的。他虽说需要她展示脆弱，却又瞧不起她的脆弱或“病态”。他希望她替自己表达羞于启齿的情绪，接着又讨厌她这么做。

另一方面，对于控制型男人的伴侣来说，尽管他打消了她遭人遗弃的顾虑，也叫她不敢离开他，可惜的是她心里只想着自己的苦恼，无暇顾及他“需要被呵护”这个难填的欲壑。所以他常常认为对方不管自己——这恰恰是他的一大心病。

愤怒互换

正如控制型男人通过伴侣的行为排遣一部分依赖感一样，伴侣也通过他发脾气排遣自己的一部分愤怒。

杰姬告诉我，虽说马克发脾气非常吓人，让她心里很难过，但她明白自己嫉妒他能痛快地宣泄。

我可不能那样发脾气。他至少知道怎么把憋在心里的事发泄出来，不会像我一样憋在心里。

体会马克的气愤并不足以缓解杰姬的愤怒。恰恰相反，由于马克多半拿她撒气，他的恶言恶语不但没能排遣她的愤怒，反而让旧伤未愈，又添新创。

杰姬和许多女性一样，没有几个朋友，因此排遣不了心中的怨气。她既要压抑对马克的新怨，又要控制过去的旧恨，心中的憋屈连自己都觉得害怕。她担心如果任由自己这样下去，哪一天真的就承受不住了。她觉得自己的怨气仿佛一个积攒了太多火药的炸弹，一旦爆发，想收都收不住。

怨气和痛苦

我们都需要表达自己的想法和感受。一旦表达这些情绪的渠道受阻，它们往往寻找别的通道发泄或得到满足。不过，有些表达渠道却反而造成了更大的伤害。

与控制型男人相处的女性会压抑自己的怨气，时间长了会抑郁成疾。对许多女性来说，承受是她们表达怨气的唯一途径。

我常听很多女人历数种种身心疾病，但却鲜少有人认为她们的心病源于自己和伴侣的关系。下文的一段对话节选自我的一期电台节目。

詹妮弗：我想好好地跟我丈夫沟通一下。

苏珊：能说说是什么情况吗？

詹妮弗：他脾气不好，总是对我发脾气。

苏珊：他总得因为什么事发火吧？

詹妮弗：哦，我做什么事都碍着他，他怎么看我都不顺眼。

苏珊：他发脾气的时候什么样呢？

詹妮弗：他非常霸道，一贯喜欢发号施令。他从不问我的感受，想干什么就干什么。他张口就骂，什么笨蛋呀，蠢货呀，骂得可难听了。

苏珊：他骂你，你是什么滋味？

詹妮弗：我难过极了，好一阵子缓不过来。

苏珊：这种情况持续了多久？

詹妮弗：断断续续有十五年了吧。

苏珊：你不觉得他对待你的方式和你的感受之间有某种联系吗？

詹妮弗：哦，这么说吧，他也不总是这样。你恐怕误会我的意思了。他薪水高，很顾家，不发脾气的时候，对我特别体贴。

苏珊：但他生气的时候，说话特别难听，这些话把你气坏了。人们被别人这样对待，都会很不开心。你很生气，对吧，詹妮弗？

詹妮弗（哭了起来）：对呀，但我爱他，我知道他也爱我。

苏珊：或许如此吧，但你偏偏把对他的怨气撒到了自己身上，它们让你消沉、自责。这是很多女性处理怨气和愤怒的典型办法。

詹妮弗非常抑郁，却丝毫不认为这和自己的婚姻有什么关系。因为如果她只关注自己的抑郁，一心只想着自己的“错”，也就不必面对和丈夫感情破裂这件事了。詹妮弗并非特例，积怨成疾的女性大有人在。

压力和怨气

忍气吞声是造成身体疾病的一个主要因素。其实，“忍”常常能将一个人的身体拖垮。许多女性不但不将对丈夫的愤怒发泄出来，反而下意识地闷在心里，迁怒于自己。在医学和心理学上，有许多疾病都是因为不能处理情绪产生的。

压力的生理表现

家族史、遗传因素、个性和体质往往决定了一个女人遇到压力表现的生理症状。

压力在肌肉骨骼系统方面的症状常常表现为腰酸背痛、肌肉痉挛、全身僵硬，以及紧张性头痛。在消化系统方面的症状是各种溃疡、结肠炎、慢性消化不良，以及各种类型的肠道功能紊乱。压力导致的心血管系统方面的疾病包括血管性头痛、周期性偏头痛，如果遇到高血压和冠心病，压力说不定会使人丧命。

压力的情绪表现

压力最常见和最有害的情绪表现是抑郁。抑郁有许多表现形式，偶尔的忧伤、消沉、孤独、情绪不稳是人的正常表现，只是一种抑郁情绪，而持续性抑郁则往往成了慢性顽疾，无孔不入。有些抑郁的女性只觉得自己始终浑身没劲，对什么事都提不起兴趣，她们总说自己没有精神，缺少热情。对她们来说，抑郁主要是体会不到快乐或幸福。还有一些女性因为抑郁而嗜睡，一天大部分时间都昏昏欲睡，感觉和反应都变得迟钝。还有些女性因为抑郁而痛不欲生。她们常常因为一点小事而哭个不停。随着病情的加重，不少人生出了自杀的念头，有些人还会付诸行动。

勇于承认自己抑郁的人少之又少，她们常常错以为抑郁代表自己懦弱或没本事。如果你有以下症状中的几项，就说明你状态堪忧，应及早向专业人士寻求帮助。

- 长期疲劳
- 厌世
- 以前觉得开心的事现在也不开心了
- 动不动就愁眉苦脸
- 睡眠有问题：要么睡得太多，要么失眠
- 对过去耿耿于怀，弄不明白为什么会有这种结果
- 看不到未来
- 对性爱提不起兴致
- 小题大做（对小事反应过度）
- 精神难以集中或者健忘
- 没有食欲，身体突然消瘦
- 暴饮暴食，体重暴增
- 动不动就发脾气，心情急躁
- 不修边幅、疏于打扮
- 经常想到死亡或临终时刻

紧张和压力也是其他情绪反应的潜在诱因。频频的焦虑、恐慌、嗜睡、失眠、心情大起大落都源于压力，而压力又是忍气吞声的结果。

我并不是说女人只要得了心理疾病就都是男人一手造成的。我在前文中说过，许多离不开控制型男人的女性，在童年时各有各的不幸，她们结婚前早就埋下了抑郁的根苗。此外，最近的研究证明，某些抑郁和焦虑是由于体内化学物质失衡导致的。不过，男女相处中存在的

悲痛、迷茫、自卑和忍气吞声提供了一块滋生或加重身心疾病的沃土。

压力和上瘾

不少女性常常依赖各种物质缓解压力——酗酒、吸毒、抽烟、暴饮暴食都可以暂时忘掉烦恼和冲动。上瘾可以一举两得：麻痹痛苦的心灵，同时又能逃避痛苦的根源。它能让一段糟糕的夫妻关系看起来还能过得去，同时缓解了需要做出改变的不安。

不管采取什么方式，这些女性的目的都是迫切希望得到心理安慰。夫妻关系不和的女性常指望酗酒、吸毒等能帮她们解决问题，谁知这样做不但缓解不了心头的压力和矛盾，反而会雪上加霜。不良嗜好不仅毁了身体和意志，而且将愤怒转化为无助、自怨自艾。这不但进一步证明了她一身缺点，也为他的控制欲提供了借口。

每次疏导有不良嗜好的人，我都会事先说清楚，只有她们同时也参加帮助她们戒除各种不良嗜好的课程或机构，我才能帮助她们。

苦恼不为人知的根源

上文列举的症状让很多女性吃尽了苦头，然后她们又下意识地拿自己吃的苦去惩罚自己的伴侣，指望这些生理症状能向丈夫传递以下几个信息：

- 你这样待我，你心里过得去？不觉得害臊吗？
- 你这么对我，太不应该了。
- 我心里好不好受，取决于你怎么对我。
- 你知道我有多难过吗？你得关心我，对我好点。

很多女性认为，她们吃了苦，男人理应怜香惜玉。更关键的是，她们把这当成其无须为自己的生活做出努力的理由。可惜痛苦并不能解决问题。婉转地私下沟通根本无济于事，因为这不是直面问题的方式。再说控制型男人多半大大咧咧，注意不到妻子细腻的感情。即使他承认妻子在受苦，恐怕也会认为这与他无关。控制型男人往往认为，女人的苦恼只是进一步证明她少根筋。如果她身体垮了，精神也垮了，只会让他更加瞧不起她，认为她没用、无能。在他的眼中，她既可怜又缺心眼。

来自女人的无力反击

一个女人哪怕再没脾气，哪怕再习惯于一个人暗自苦恼，因伴侣的刻薄和蛮横而产生的怨气也并不能全憋在心里。恰恰相反，她会不知不觉地以种种捉摸不透但又充满敌意的方式发泄出来。

明里对着干

嫁了控制型男人的女人往往会在心里骂他一百遍，常常暗中报复，以排遣一部分怒气。一想到奈特那样对自己，珞琳就气不打一处来，可惜她表达不出来。杰姬记得：

我妈经常拿我爸和别人相比，要他知道，他不如人家帅气、聪明、有教养。记得她喊我爸是个“愚蠢的家伙”。她会拿我爸的身高说事，那可是他的一块心病。她还会当着人家的面取笑他读白字。这恐怕也是我妈报复我爸的一种方式吧。

可想而知，珞琳的冷嘲热讽只会让奈特认为，对她狠一些纯属她咎由自取。

暗中作对

有些女性以不作为来表达她们的愤怒，比如，忘掉一些在她看来无足轻重，对男方来说却至关重要的事情；还有些女性会优柔寡断，连再简单不过的小事也迟迟拿不定主意；更有甚者，她们会养成经常迟到这种惹人恼火的习惯。许多女性还表现出性冷淡，借此表达她们的愤怒；也有些人选择态度冷漠、拒人于千里之外，躲在一旁生闷气。

明里也好，暗中也罢，相比控制型男人大发雷霆、恶语相向，这些女人表达气愤的招数都算不上什么。

气头上交手，吃亏的总是女人。控制型男人的抵触和担忧出于他的需要，但他总归还能无所顾忌地找人撒气。这恐怕是他很少吃亏的一个主要原因吧。

然而，无论是担心报复，还是因为家中长辈潜移默化的影响，抑或是担心失去对方的爱后自己会受不了，很多女人都不能随心所欲地发泄自己的情绪。她们忍气吞声，吃苦的终究是她们自己。

夫妻中一方有权表达敌意，而另一方却没这个权力，那是权力不对等。可惜认为自己无能的女人往往无法看清真相。其实，她比丈夫更有权力，因为与其说是她依赖他，还不如说是他依赖她——她只不过没看明白罢了。他的需要、控制欲、担心被抛弃的恐惧、强烈的占有欲，以及他扭曲的世界观，反而让他成了一只纸老虎。不论他外表有多么强悍，他也只有在控制她、摆布她的时候才觉得自己是个男人。控制伴侣给了他一份安全感，但也让他身陷这种行为模式中不能自拔。

相比之下，女人一旦学会了准确地评估自己的优势，反而能更好地把握人生，断了他想要改变伴侣行为、掌控伴侣人生的念头。

第二部分 女人的重建

PART 2

本书的第二部分重在教导如何依靠自己改善亲密关系。这个探索和转变的过程需要你参与我的练习和作业。我曾带领许多向我求助的人做过这些练习和作业，效果很明显。

我的辅导方式非常明确，用大量的写作来关注和解开深埋的心结。这种做法常常会让人产生一些抵触情绪，有些人只是读一读练习的内容，而不做作业。但是，就好像只看瘦身指南、不坚持节食，你永远瘦不下来一样，只看练习不做作业，你也很难改善不幸的婚姻——或者在必要的时候，结束这段婚姻。

下文列出了许多有待你回答的问题，以及其他类型的书面练习。我建议你读的时候，备好纸和笔——最好准备一个笔记本，以便以后复习。无论是纸还是笔记本，都请务必保存好，因为辅导过程中，我可能会回顾某些练习。

即便和你相处的不是控制型男人也无妨，我设计的许多工具和技巧能让你更加自信。

如果你的伴侣是控制型男人，我设计的练习说不定能让你少走些弯路，早日摆脱心理阴影，走出困境。这些作业也许令人痛苦、烦闷和不适，但你经历的都会有所收获。我将陪你一起找回自信，让你过上幸福美满的生活。

第九章
情绪体检：找回你的真实感受

南希第一次来咨询的时候，压根儿不知道她的许多困惑源于她的婚姻。家里的大事小情，全由丈夫杰夫一个人说了算，对发生在自己身上的事，南希无法掌控、茫然失措。她不知道事情为什么变成这样，也不清楚自己感觉如何，更不知道杰夫的所作所为对她产生了什么影响。为了重新把握自己的人生，南希需要自己来定义哪些事是有道理的，哪些事是真的，而不是继续接受杰夫的观点。

南希的感受、想法和行为，以及杰夫的行为应该是我们要探讨的领域。我们的第一步是了解南希的真实感受。

感受的重要性

杰夫管得实在太宽，连南希想什么、做什么都不放过，甚至包括她怎样做才能得到杰夫的爱和认可。

他常说："给我说说你什么感觉。别磨蹭，我想知道。我们得沟通沟通。你有什么想法，直说就行了。"我照他说的做了，他又会说："你说我愚不可及、难以理解，我难过极了。"他常常突然打断我的话：

“错了，南希。你想错了，你不该那样想。”

杰夫只要遇到不开心的事，他就觉得南希“错”了。但是，感受不同于行为，不存在道德准绳，感受不分对和错，谁也无权批判我们的感受和情绪。情绪只是简单的存在，情绪的好坏，谁也管不着。

南希和杰夫结婚这四年，她拼命地压制自己的情绪，跟变了个人似的，大家都不认识她了。她胖了许多，患了溃疡，情绪极其低落，不相信自己的能力。杰夫指责、否定她的情绪，南希糊涂了，不知道自己“应该”有什么样的情绪。南希故意回避、压抑杰夫所谓的“错误”，情绪更加低落。等到她来向我寻求帮助时，她唯一能说清楚的，是她非常痛苦。

南希的痛苦是一个明确的信号，表明有什么地方出了问题。可惜和许多女性一样，她认为自己应该“勇敢地承受心中不快”。在她看来，一心只想着自己的痛苦无异于“自艾自怜”。

情绪体检

感受是了解我们自己的最佳途径，透过它，我们能了解自己是谁、有什么需要、在乎什么。要了解你究竟出了什么状况，应该首先认清并核查你对自己、自己的人生和伴侣的感受。

下面这份问卷可以帮你做一次情绪体检。问卷中提到的情绪是向我咨询的、和控制型男人相处的女性经常提到的几个。

请你用“是”或者“不是”来回答每个问题。你也可以在回答“是”的问题旁用铅笔打个勾。如果你还有其他此处没有列出的强烈情绪，不妨将其写下来。

- 你总是觉得伤心吗？

- 你怕你的伴侣吗？
- 你觉得无助、不知所措吗？
- 你是否总是觉得怒火中烧？
- 你是否觉得无所适从、茫然，不知道如何是好？
- 你是不是觉得自己被伴侣控制住了？
- 你是不是觉得心中有愧，觉得自己总是做错事？
- 你会不会自怨自艾？
- 你是不是情绪低落？
- 你是不是觉得自己陷入了困境？

如果你有六个及以上的“是”，那么说明你非常痛苦。

矢口否认或者弱化情绪压力的女性，往往是因为她们害怕了解自己的情绪。这也难怪，谁能看得透自己呢？不过，当你鼓起勇气做了情绪体检，就迈出了转变情绪，进而改变生活的第一步。和我一起来处理那些让你痛苦的情绪吧。

为了控制你强烈的情绪，免得让它们压垮你，你必须首先了解它们源自哪里。情绪也可以很美好，但当情绪失去了控制，或者源于恐惧或无助，恐怕就会影响你的判断和理性。

区分想法和感受

我们往往认为情绪是由外部事件造成的。但事实恰恰相反，情绪或感受其实是我们自身想法的直接结果。先有想法，然后才有感受。下列的说法表明，人们常常将想法和感受混为一谈。

- 你不会是生我的气了吧？

- 我觉得我哥哥很懦弱。
- 我觉得只要我能改，丈夫就会更爱我。

以上这几句话表达的是想法、看法和认知，然后它们导致了某种感受。我们不妨来看看这些想法催生的感受。

“你不会是生我的气了吧？”这其实是一种想法，准确的说法应该是：“我看你是生我的气了，我现在觉得害怕、困惑、难过、伤心、生气。”

以此类推：“我觉得我哥哥很懦弱，所以我瞧不起他，这让我觉得他还不如我，觉得失望、伤心，不晓得如何是好。”

“我觉得只要我能改，丈夫就会更爱我。但是我不知道该怎么办，所以我心情低落，很自卑，觉得自己讨人厌。”

这里的关键区别不在于文字表述。学会区分想法和感受是你成长的第一步。要想把握自己的人生，你必须要先把握住你的想法。

以下几个例子说明人们往往将想法和感受混为一谈。比如，你烧了一桌好菜，准备和丈夫一起吃晚饭，他却突然找你的碴儿，说你叠错了餐巾。他喋喋不休地说：“你没把这事放在心上。”“你什么都不管，特别是我，你知道我对整洁的餐桌有多在意吗？”“你真是个没脑子、自私自利的懒女人。”

丈夫的长篇说教，可能会让你觉得害怕、丢人、愧疚和气愤。你当时的感受大抵如此，在你看来那些都是真实的。但关键是你要认识到，你跳过了“弄清你身上到底发生了什么”的重要一步。在感受到这些强烈的情绪前，你其实就已经有了想法。

认清这些想法，你最终才能改变自己的行为和反应。在上文说到的长篇说教和你惶惶不安的间隙，你会不由自主地想“他生我的气了”“我要倒霉了”“我做错事了”“我为什么不能分辩几句”“他一生气，我就大脑一片空白，无言以对”“我干什么都无法讨好他”“我真想宰了他”。一旦你认清了想法和感受的区别，你就能控制你的情绪了。

什么是思维过程

为了帮助前来咨询的人解决这方面的问题，我请她们关注自己的想法。想法不像感受，想法没有一个固定的标签。也许是出于这层原因吧，想法往往更具有普遍性。

下文的练习旨在帮你分清思维过程和感受之间的联系和区别。这里列举的是上文情绪体检中提到的感受。回想一下你自己有没有过类似的感受吧。

感受	想法
我总是觉得伤心。	人生太悲惨了。少了我，地球照样转，他们照样过得好。
我怕我的伴侣。	我要大祸临头了。不知他接下来会怎么做。他不会打我吧，不会抛弃我吧？
我觉得无助、不知所措。	事已至此，我别无出路。我真的没有办法，不管我说什么、做什么，都无济于事。
我总是觉得怒火中烧。	要不是害怕，我恨不能抽他一记耳光。
我觉得很茫然，不知道该怎么办。	我究竟做错了什么？他为什么又生我的气了？他怎么说变脸就变脸，一会儿很体贴，一会儿又这么让人害怕呢？

（续表）

感受	想法
我觉得我的伴侣太强势了。	我永远也说不过他。我做什么都没用。他哪方面都比我强。
我总觉得心中有愧，做事从没有对的时候。	这都怨我。我要学学如何做个更好的人。
我讨厌我自己。	我自私自利。我懦弱、讨厌，是个只顾自己、不想着别人、总是强人所难的坏人。
我总觉得情绪低落。	我说什么他都不愿听。他压根儿不拿我当回事。我做什么都一样。
我觉得自己被困住了。	我别无办法，无路可走。

现在再来回顾一遍你的情绪清单，看看你能否识别出在产生感受之前有什么想法。分析得越具体、越详细越好。这个练习，最好每天都做一遍。花几分钟，将你的感受（坏的也罢，好的也罢）和产生这种感受的想法联系起来。比如，你刚为闺密买了一件生日礼物，你心里涌出了一股暖流，你觉得很开心，自我感觉良好。产生这种感受之前，你首先想到的是："我是个好人。""我善良。""我慷慨大方。""我愿意让我在乎的人开心。""我朋友会喜欢这件礼物的。"

与之相反，如果送礼物让你紧张且担心，恐怕你会有这样的想法："我朋友恐怕不会喜欢这件礼物。""我乱花钱了。""我不知道他喜欢什么样的礼物，不知道买什么好。""我送朋友礼物，是不是就为讨好他？"

最初，试着找出想法和感受之间的区别和联系，或许有些困难。不过，这项练习能帮你掌握打断下意识反应的技巧，尤其是在倍感压力的情况下（我们将在第十三章介绍更多应对想法和感受的技巧）。

行为的组成部分

行为既然是想法和感受的结果，我们也应该分析一下它。以下练习涉及你由于想法和感受而在这段关系中采取的行动，请你用“是”或者“不是”来回答。然后再单独列一份清单，列出你和伴侣相处中的其他行为。

一直以来，你是怎么做的：

- 你是不是总是低声下气的？
- 你们之间不管出现了什么问题，你是不是都心甘情愿地承担错误？
- 你总是战战兢兢吗？你是不是生怕说错了一句话，做错了一点小事，就惹恼了他？
- 你是不是一再嘱咐孩子，要他们千万小心，别惹爸爸生气？
- 你是不是比以前爱哭了？
- 你是不是压制自己的感受，尤其是怒气？
- 你是不是为了迎合丈夫反复无常的要求，而一再委屈自己？
- 你是不是放弃过兴趣爱好，断绝了与亲朋好友的来往呢？
- 你是不是放弃了从前的意见、理想、态度、希望和梦想？
- 你是不是将进修或“充电”一推再推？
- 你是不是经常要为伴侣对别人、对你的态度解释，或赔礼道歉？
- 你是不是不顾惜身体，体重大起大落？你是不是不像从前一样在乎自己的形象了？你是不是找出种种借口宅在家里，足不出户？
- 你是不是千方百计地讨好丈夫，你的生活取决于他的心情和认可？

捅破你自认为甜蜜、满意的这层窗户纸，见到这段关系的真相，你现在的感受我再清楚不过。不过，否认只能给你一时的欣慰，从长远来看，这无异于自欺欺人。

南希做上述问卷时，一多半的答案都为“是”，她一下慌了。问卷将真相赤裸裸地呈现在她面前，她不得不面对现实：为了讨杰夫的欢心，她不仅放弃了她在时尚界蒸蒸日上的事业，而且断了与许多朋友的来往和应酬，她甚至放弃了自己做选择的权利，干脆让杰夫一个人做主。

最让她伤心的是发现自己一直以来对他的虐待忍气吞声，其实是纵容他继续虐待自己。

上述练习能让你幡然醒悟，不再抱有不切实际的幻想，同时看清生活，尤其是看似美满的亲密关系的真相。希望你实事求是，不要怕难过。在这堂课中体会到的苦楚将会化作一座桥梁，让你了解生活中的种种因素对你和你情绪的影响。

我们要考察的最后一个因素是你伴侣的行为和态度。与上文的问卷一样，请你用“是”或者“不是”来回答下列问题，然后再自己列一份清单，列出伴侣其他方面的行为。

你的伴侣一向的表现：

- 他是不是强硬地想要控制你的生活、想法和一举一动？
- 他是不是对你横加指责，总爱挑你的刺？
- 他是不是威胁你，大喊大叫，或者扬言只要你不按他的意思做，他就不爱你，或者跟你分手？
- 他是不是扬言要动粗，吓唬你，叫你言听计从？
- 他是不是喜怒无常？
- 他是不是一竿子打倒一片，说女人都不是好东西，尤其是你？
- 是不是只要你惹他不快，他就冷落你、否定你、切断你的经济来源，以此作为惩罚？
- 他是不是认为他的缺点和失败都怪你和家人？

- 他是不是经常辱骂你，指责你的性格不好？
- 他为难你的时候，是不是只要你生气，他就指责你太敏感，或反应过激？
- 他是不是不肯面对问题、矢口否认、转移话题、掩饰过失，刚大发了一通脾气后就像个没事人，把你都给闹糊涂了？
- 他是不是为了赢得你的关注，而与孩子或你身边其他重要的人争个高下？
- 他是不是特别爱吃醋，有着极强的占有欲？
- 他是不是经常为了自己，硬逼着你放弃对你非常珍贵和重要的东西？
- 他是不是没完没了地批评你的家人和朋友？
- 他是不是贬低你取得的成绩？
- 他是不是嫌弃你？
- 他是不是逼你采取过你不喜欢或觉得难受的性行为？
- 他是不是有婚外情？
- 他是不是不顾及你的性需要？
- 他是不是在外人面前风度翩翩，一到了背人处，就对你百般挑剔？
- 他是不是曾让你当众出丑？

如果有十个问题你的答案为“是”，那就说明你遇到的是个控制型男人。

走出舒适圈

南希告诉我，做完了上述练习后，她被汹涌而来的情绪冲昏了头脑，发现自己和杰夫的婚姻出了问题，她感到惊慌失措。这种反应早在我的意料之中，情绪体检一石激起了千层浪。

从我个人的经验来看，单单靠诉苦恐怕改变不了苦闷的心境。咨询者必须体会、审视，进而想办法改变现状。这个过程往往苦不堪言，但效果一向不错。

我让南希放心，强烈的不适感并非辅导出了问题，恰恰相反，这说明辅导过程见了效果。她对自己婚姻有了一个痛苦但清晰的认识，是改变的良好开端。不过，认识和懂得还远远不够，必须付出实际行动，走出舒适圈。

我们见过的大多数经过了四五年甚至更长时间辅导的人，都能给出一长串理由，解释为什么自己本性难移。其实，辅导几年后的主要变化像银行存款一样被储存起来了，并不表现在行为上。我一向以为，作为一名医者，我的职责是帮助他人改变行为，以及懂得他们为什么会这样做。当他们认真做这些练习，确实改变行事方式时，他们马上就会有显著的个人成长。

有时，改变做法连想一想都让人觉得可怕，更别说动真格的了。但要想改善你的生活质量，你势必要主动改变态度，尝试一下新的行为模式。令人欣慰的是，你已不再是小孩子了，改变的路也不止一条。你的收获将以“自信”的方式来支付。力求改变自然增加了你的自信。一旦发现自己能影响周围的事物，人们对自己和人生会有截然不同的认识。

但一开始尝试改变时，会令人不舒服。这也是人们坚决抵触改变旧的行为模式的一大原因。他们往往误以为情绪的好坏显示了改变的过程是否出现了问题。他们以为只要做“对”了，立即就能有一个好情绪。其实不然，刚开始改变行为的时候，人们感觉到的多半是害怕、焦虑和无所适从。

杰姬接受了第一个阶段为期三天的辅导后告诉我：“我还以为辅

导能让我好受些，谁知还不如没辅导之前了！心情那么差，还有尝试新鲜事物的必要吗？”

杰姬犯了一个典型的错误：她以为改变行为前情绪会先变好。我要她放心，只要她开始改变行为，情绪自然会好起来的。

不过，这个时候，我不会贸然要杰姬做出改变。恰恰相反，为了改变她的行为，我们首先要转变她的情绪和认识，以便打好基础。

最初的转变，我建议你还是从自己的情绪入手，不是先和伴侣对着干。通过这些转变，你将学会退后一步，更好地控制你紧张痛苦的情绪，而不是被情绪牵着鼻子走。只要控制好情绪，今后主宰你生活的将是逻辑，而不是恐惧和焦虑，进而你将能清醒地认识你自己、你的婚姻和你的人生方向。做好了这些准备，你就能着手改变自己的行为了。

我们迄今做的练习只是迈出了第一步。接下来的几章，我们将详细讲解如何重新评估自己的看法，找出你生活中许多负面信息的根源，以及你当初在什么地方伤到了信心和自尊，并学会管住那个多年来的恶魔——愤怒。同时也教会你关爱自己，能在脾气上来的时候，寻得一些安慰。

当你能管住自己时，你就准备好要管住你的伴侣了。

第十章
思维暂停法：打消对自己的负面评价

认清了与杰夫的婚姻真相后，南希战战兢兢、左右为难，而且她非常害怕杰夫，不知接下来该怎么做。她告诉我：

咱们能不能别提婚姻的事，就说我的溃疡和体重问题好吗？至少我俩的这种现状我还能接受。

我告诉南希，从她的讲述和练习中透露的情况来看，她和杰夫的关系是诸多问题的根源。要想解决这些问题，她必须勇于面对。

一个危险的认知

南希认为，对于她和杰夫的关系，最简单、最好的方法就是不去管它。当然，她认为她和杰夫之间的关系也没坏到哪儿去。她认为只要不去管它，就算改变不了情况，至少也能维持现状。

但是，夫妻关系不可能无限期地保持在某一种状态。哪怕你不去管，情况也会变，因为你终究左右不了影响夫妻关系的种种变数。我问南希：“如果杰夫的生意失败了，如果你出去上班，如果你们有了孩子，如果家里有人过世，如果你们两人中有一个病了……这些情况对夫妻关系会有什么影响，你想过没有？”这几种情况都会造成他们夫妻关系的失衡。多年的从业经验告诉我，一旦上述情况打破了这种脆弱而敏感的平衡，控制型男人常常会变本加厉地虐待妻子。

因此，如果你接受现状、得过且过，从长远来看，以为“不去管它，生活就会一切照旧，不被打乱”是一个危险的认知。

我辅导过的每个被控制型男人折磨的女性都热切地盼望有一天好运到来，丈夫能幡然醒悟，将她搂在怀里说：“我知道错了，我对不起你。原谅我吧，我再也不会伤你的心了。我爱你，从今往后，一切都会好起来的。”

其实，你们的关系非但不会转好，反而会变得更糟。随着年龄的增长，人往往更加积习难改，或者说无意去改。你接受现状，无异于放弃了你应该享有的尊重和尊严，在夫妻关系中，你主动要求做一个受害者。

如果你有了孩子，你的选择等于也害了他们。在前文大家都看到了，父亲是控制型男人的男孩一般都以父亲为榜样，长大后大多脾气暴虐，女孩子则容易胆小怕事。接受现状几乎等于将虐待代代传承下去。

你不妨自问，究竟是维持现状，还是打破现状，到底哪个更值得：我不是已经试过什么都不做了吗？我是不是越来越安于现状了呢？争取改变或安于现状各有什么好处？

回答了这几个问题，许多女性情绪低落，不作声了。她们想必意识到了，她们也可以拥有健康的亲密关系。了解了健康的亲密关系，对比之下，她们更看清了一方暴虐、一方忍气吞声的关系，同时也给女性确定了一个努力的目标。

健康亲密关系的基础

我请前来咨询的女性说说她们伴侣的品行，听到的无非是如下的说法："他工作勤奋""他很会挣钱""他人很风趣""他经常陪孩子""他风度翩翩""他非常帅气"。这些性格和品行确实很有吸引力，可惜它们却不是健康的亲密关系、和谐夫妻关系的基础。

健康的亲密关系是建立在互相尊重、权利平等的基础上的，还需要关照对方的情绪和需要，以及欣赏对方身上的特点和品质。当然，健康的亲密关系还要容得下争吵、发脾气和意见有分歧。不过，互相体谅的伴侣一般能妥善解决双方的分歧，不会把每次冲突看作一场非得分出个胜负的战争。

换句话说，健康的亲密关系为你的生活增添了情趣，让你的生活多姿多彩，而不是逼着你放弃原本不可分割的一部分性格，将生活过得平淡无味。我们爱上对方的品质，才开始了这段亲密关系。如果为了息事宁人，我们不得不丢掉一些优秀的品质，那么两个人在一起还有什么意义？

你只能改变你自己

辅导开始的时候，杰姬向我叫屈：

是马克在家里蛮横霸道，我又没做错什么，凭什么非要我改变，不叫他改改脾气？

我对杰姬说了我对许多来访者说过的话："你改变不了别人的行为和态度，你能改变的只有你自己。不过，令人欣慰的是，一旦你改变了对伴侣行为的反应，你们的关系也会随着你的改变而改变。”

杰姬始终抱着这样一个态度：只要马克站在她的角度看待问题，自然不会再对她那样狠心。南希也抱着类似的信念。她说：“如果杰夫知道他给我带来的痛苦，他肯定不会再那样待我了。”其实，妻子是什么心情、什么感受，杰夫和马克再清楚不过，可惜他们依旧如故，死不悔改。再说，丈夫理解不理解，是杰姬和南希掌握不了的事。我告诉南希和杰姬，试图让丈夫“明白”妻子吃的苦，等于白费工夫。

既然如此，我要请你别理会诸如“沟通”，以及“让别人了解你的情绪”之类时下流行的套话和技巧——它们对控制型男人没用。你可别指望一句话就能让他幡然醒悟，明白自己到底做了什么。他不想明白，也无意沟通。他只想由着自己的性子，想干什么就干什么。他认为你诉苦是与他作对，是要他反击。因此，与控制型男人沟通，无异于对牛弹琴，不仅起不了作用，恐怕还会惹恼了他，让他发起牛脾气。

所以，别抱幻想，因为你只能改变自己的处事方式。

不过，在你改变处事方式前，你必须先学会控制自己的情绪。以下几个步骤旨在帮你做到这一点。

第一步：做一个旁观者

我告诉来访者，当局者迷。丈夫刁难、指责她们的时候，我建议她们不妨置身事外，旁观自己的反应。

我嘱咐南希，杰夫再刁难她时，不妨对自己说：“真有意思！每次他冲我发脾气，我都觉得……”（省略处补充当时的心情）经过四次辅导，她告诉我：

我拿着买来的食品刚进厨房，杰夫就跟了进来。一进门，他就说我把东西摆错了地方，接着对我嚷嚷，说我一贯乱丢乱放，说我真是个蠢女人，总是把他的话当作耳旁风。他站在那儿指手画脚，说我做的这不好，那也不对。事后我静静地坐下来，把杰夫为难、指责我时，我的感受和情绪列了一个清单。我第一次注意到我气得双手发抖。我观察自己反应的时候，真真切切地感受到了个中滋味。

每次与杰夫发生矛盾，南希都会以“每次他冲我发脾气，我都觉得……”开头来列出她当时的感受。她很快发现，杰夫的刁难让她觉得“气愤、害怕、发抖、伤心、羞辱、无言以对、难以承受”。

你不妨也做做这个练习。下次伴侣为难你、指责你的时候，你可以试着注意当时到底发生了什么。过后一个人坐下来，以“每次他刁难我、指责我的时候，我都觉得……”开头，详细列出你能想得起的心理和生理反应。

任何东西只要用笔写出来，都会显得有条理、真实清晰，这样做能让你理清思路，看清你一直以来的反应。只要掌握了这个诀窍，你就能置身事外，走出迷局，自然而然地旁观这件事。之后你或许会少一些从前那种茫然、被情绪左右的感觉。

从这份练习中不难看出，你的反应始终脱不了一个模式。认清这些反应能帮助你平息自己的心绪，因为它们尽在你的掌握之中。下次再遇到这种心情，你也不会那么害怕或惊讶。

除了列出你的反应，你还要留意它持续的时间。南希说，尽管她很快就不再发抖、害怕了，但会一连几天不开心，总是觉得伤心和气愤。

你越是能识别和阐明自己的感受，就越能预测自己的反应，也就会越少地感到茫然失措了。

第二步：以前怎么做，现在还怎么做

许多来访者觉得很奇怪，我为什么不要求她们改变行为。恰恰相反，我要求她们以前怎么做，现在还怎么做，只需记住一点：现在，是她们自己选择要如此行事的。

一旦你选择做某事，那些行为就不再是一种自动的反应。它变得有意识、有计划，我们的行为在我们自己的控制之下，你变得积极主动而不是被动承受。

耐人寻味的是，出于恐惧或胁迫做出的反应让人不舒服，而同样的反应，如果是出于自己的选择，却令人心情愉悦。这虽然看起来只是一个微不足道的转变，却是向前迈出的一大步。自己选择去做出的反应，有助于你消除在这段关系中的无助感。

当杰姬面对马克发脾气，主动选择自己回应的方式时，她告诉我：

他总是让我战战兢兢、不知所措，要想让他闭嘴，我只能赔着笑脸，说尽好话。但在我决定道歉前的一刹那，我觉得不再那么害怕，也不再像一个木偶了。

为了帮杰姬获得掌控感，我建议她像以前一样道歉，但道歉之前，她要告诉自己："作为一名成年人，我选择道歉。"细微的态度变化，给了她一种截然不同的体会。

你可别小瞧了这个小变化，它对缓解苦恼有着神奇的效果。

我们在第九章探讨了想法和感受之间的区别。杰姬发现，主动转变思维模式，变"我必须道歉"为"我选择道歉"，尽管行为没变，但南希的情绪反应却有了明显的变化。

第三步：记录丈夫指责你的种种罪状和负面评价

这项练习有书面部分，需要大家调动想象力。首先，请你买一盒标签。什么标签都行，衣服标价签也无所谓，但文具店出售的自粘标签最方便（如果买不到标签，你不妨自己动手，将几张纸裁成同样大小的纸片，再在背面涂上胶水就行了）。

我请前来咨询的女性在标签上写下伴侣骂过她们的话。杰姬在标签上写道：泼妇、自私、愚蠢、拖沓、懒惰、难缠、拖后腿、歹毒。

请你多做几张标签，一条不落地记下伴侣骂过你的话，然后贴在一张纸上，在最顶端写上“他对我的评价”。

这样一来，你让伴侣强安在你头上的那些罪状有了一个直观的展示。我特意要你用标签，而不是列一份清单，是赋予这些罪状一个具体的形状，让你清醒地认识到，这些负面评价不过是强加在你身上的，而不是你的真正为人。这些标签象征着伴侣对你的种种虐待。

你的伴侣很可能处处贬低你的能力和办事效率。提到你的才智，他会说你“自作聪明”“包打听”，或者说你“自以为是”，要么直接说：“没有哪个男人喜欢嘴皮子厉害的女人。”说到你的能力或成就，他说不定会给你扣上一顶“爱慕虚荣”“以自我为中心”“绝情”“男人婆”“炫耀权力”等大帽子。

再请你准备一组标签，与负面评价相对，记录你具有的优秀品质。

如果你觉得自己的优点乏善可陈，不妨写上别人对你的评价。找一张纸，在最顶端写上“真实的我”，在下面贴上你的优点。我让杰姬随时在纸上反驳马克对她的负面评价，杰姬贴了整整两页纸：

他对我的评价	真实的我
泼妇	温柔体贴
自私	善解人意
愚蠢	聪明
拖沓	能力出众

（续表）

他对我的评价	真实的我
懒惰	勤奋
难缠	通情达理
拖后腿	总是支持他
歹毒	善良

这项练习可帮你重拾自信，所以不要匆匆带过。请你花些时间，好好想想这些评价。比较一下伴侣对你的负面评价和你真实的品质，你会发现二者存在强烈的反差。

来访者列出了对自己正负两面的评价后，我要她们稍事休息，放松一下，以便做一些重要的想象练习。她们在心中想象出的形象有助于反驳伴侣对她们的负面评价。

想象并不陌生，做白日梦或幻想的时候，我们常常无意中经历了人生的许多场景。我们梦想得到了梦寐以求的工作，我们想象自己穿着一件曾见过的新衣服，憧憬孩子大学毕业。我的一位演员朋友说，每次去试镜，他都想象导演和制片人坐在马桶上。“一想到这一幕，我就不那么紧张了，”他说，“你想想，一个坐在马桶上的人能有多大能耐？”我朋友把大人物想象成一个普通人，这让他松了一口气，显得更加自信。

对我那位演员朋友来说，想象有助于缓解紧张局面。想象能帮我们实现目标，也能塑造我们高大的形象。以下的练习旨在巩固你的优点，同时减少负面评价对你的影响。

首先，通读一遍你正负两面的评价。再把你自己想象成一座城堡，城堡四周是用你的优点砌成的城墙。再想象城堡被围攻。丈夫的负面评价仿佛一支支射向城堡的箭。箭射到城堡坚不可摧的城墙上，纷纷落进了护城河——负面的评价奈何不了你的优点。

想象的时候，你越放松，心中的形象就会越清晰、鲜明。做这项练习的时候，关键是要放松，不能心烦意乱，你的想象才能见到效果。想象城堡这一场景不一定能一蹴而就，但我辅导许多人后发现，一旦她们构思出这幅画面，就能轻松地进入这一场景。伴侣每每对你恶言恶语的时候，你不妨采用城堡这个观想。

杰姬说：

起初我觉得自己挺傻的，但后来我又想，反正我也没什么好失去的，干脆就豁出去了。那次我不想去看马克的妈妈，他骂我自私自利。我心里很不痛快，于是进了卧室，坐下来想象那座城堡。我首先想到的是，只要我不如他的意，他就骂我自私，后来我才认识到，他说的话，我真的不必往心里去。

以前，无论马克说她什么，杰姬都硬往上面靠。观想城堡让她认识到，他对她的评价纯属无中生有，恶语中伤，她大可不必因此感到害怕或伤心。

这类练习有助于降低伴侣对你自尊的攻击力度，还能肯定你的优点。

第四步：想象丈夫对别人的恶劣行径

在这节练习中，你不妨想象你的伴侣大喊大叫、百般挑剔、推卸责任，就像平时他对你做的那样，但这次对象不是你，而是别的女人。你不妨把那个人当作他在乎的一个人，比如他的姐妹、女儿或一位好朋友。

你在脑海里想象这一场景的时候，请注意强调一点：即便是对别人，他也秉性难改。他就是那么一个人，哪怕对再亲密的女性也就那么几招。他在别人面前风度翩翩，但对至亲至爱的人，他的态度和对你没有什么两样，与你们是谁没关系。

想象丈夫对另一个女人态度恶劣的时候，你很可能会明白两点：首先，他的品行不好；其次，他的行为与你毫无关系。

现在请你问自己如下几个问题：

- 你希望他这样对待你爱的人吗？如果你看到自己的女儿（朋友、姐妹或母亲）受到这样的侮辱和虐待，你希望她怎样做？
- 为什么她不该被这样对待，而你却没关系？难道你不如她重要？难道你没资格被他以礼相待吗？

这几点极为关键。你不妨自问这几个问题，花些时间好好回答，尤其是被他指责和刁难的时候。你可以先想象丈夫像对你一样对待别人，然后再问自己这几个问题。我估计你会很生气。遭到不公的对待，气愤是再正常不过的事。气愤能坚定你改变的决心（我将在第十二章详细讲解变气愤为武器的办法）。

第五步：转变你看丈夫的立场

我在第一章详细讲到劳拉认识了鲍勃，“被爱情冲昏了头脑”。她在后来的辅导过程中，想起了许多警示征兆。

那时候仿佛有一个声音总在我心中说：“当心了。那家伙脾气暴躁，还对你撒谎，说他离婚了。再说他没有定性，每份工作都干不过六个月，是出了名的。”可我管不了那些。我太爱他了，就算这些都是真的，我也不在乎。

刚认识鲍勃那会儿，劳拉觉得鲍勃千好万好。情人眼里出西施，劳拉也不例外。我们对眼前之人的了解往往比自己以为的更深，只是我们宁愿对那些破坏浪漫画面的危险征兆视而不见。不过，哪怕我们想方设法地忽略、否认对方身上那些令人不愉快的缺点，但始终都有一个小小的声音在提醒我们注意。

就这一点来说，辅导过程中，劳拉需要调高那个声音的音量，以便她从一个全新的角度评价鲍勃的行为。我给劳拉设计了如下练习，帮助她巩固明辨是非的能力。你最好也参与到这个练习中来。

首先，想象丈夫又无端地发火，然后问自己如下几个问题：

- 一个明理的人至于为了一件芝麻大点的事发这么大的脾气吗？
- 他这是不是在借故找我的碴儿？
- 只要他不想担责任的事，他是不是都怪到我的头上？
- 他有权像对待我一样对待其他人吗？

这项练习将证实你内心对眼下发生的事的认识，或者说，如果你曾经嫁了个控制型男人，但如今已经解脱，将来再结识别的男人，它有助于你留意同一类行为，免得你重蹈覆辙。

如果这是你第一次彻底认清对方的冷酷无情，你恐怕会觉得不能接受，感到非常不安。

与其他辅导一样，我劝你别因为不快而气馁或一蹶不振。你们的亲密关系是一个事实。用哲人的话说，真相伤人。但少了真相，你恐怕仍执着于扭曲的亲密关系，缺乏自信。

闲来无事时，你不妨经常重温一遍这份问卷。从中得出的认识能让你鼓起勇气，主动改变你的境遇。请你记住，生气、吵架、痛苦，甚至觉得亏待了自己或为自己感到不值，都是你的权利。

但同时你也别忘了，走到这一步你付出了多少勇气！请你想想，你见过多少对不和的夫妻或情侣，女人默默地忍受虐待，却不指望能改变现状。你比她们强，你在想办法改变。你看到的真相不容乐观，令人心碎。但你要坚持，不能却步。当你怀疑自己的认识和内心理性的声音时，当你说不清伴侣是否真的错了时，当你找出种种理由为伴侣的行为开脱或揽过责任时，请你拿出这份问卷。这些问题能让你清醒。请拿一张纸，写下你的答案，随身带着。只要你下不了决心，只要你们俩出现了上述的一幕，不妨拿出来参考一下。只要想到他，就请你按这份问卷的步骤对他做出评判。你现在做的是证明你一向认为正确的事。

慢下步调，看看你是如何对待自己的

对许多女性来说，接受了她们的真实境遇，却又生出了另一个问题，她们说不定会因为这个新的认识责怪自己。出于这层原因，我在辅导中专门抽出时间，让她们谈谈她们是如何对待自己的。

我听到的多半是如下几种说法：

- 我怎么那么傻呢？
- 我怎么能容忍这事发生在我身上呢？
- 我恨自己瞎了眼！
- 我是个聪明人，怎么能一错再错呢？
- 我恨他，但更恨我自己，我竟然能受得了他！

你已经吃尽了苦头，可千万别再自责了，别再给你原本痛苦的心情雪上加霜。请你别责怪自己以前没看清真相，而是要承认你如实看待自己和伴侣的关系，以及誓将改变你们关系时表现出的勇气和决心。

以下练习旨在帮你打破自责这一惯常的思维模式。我特意设计了这些小游戏，用以转变辅导对象对自己的看法，以及伤心时对自己的态度。

思维停止键

对自己负面的评价只会给你愁上添愁，这时候，你应该投入全部精力慰藉你受伤的心灵。为打消这些负面的想法，不妨试试思维停止键。

首先，注意你在想什么，尤其是自责的念头。要格外注意如下想法："我怎么那么傻呢？""我怎么能忍受那么久，却还是明白不过来呢？""我真不争气！""我真没出息！""我太愚蠢了！""我真笨。"

其次，为了不让这些自责的想法影响你，你可以跟它们来段对话。就当你的想法是个人，对它直说好了。我建议用如下的对白："好吧，你又回来了。你给我住嘴！滚得远远的！你不许进来。你不来打扰，我都已经够烦的了。我不欢迎你，不想见你。你没干过一件好事，请你滚蛋，立刻从我的脑海中消失！"

第三，现在请你用好主意和好心情替换自责和坏心情。为了实现这一目的，你要调动从前的一段愉悦、真实的记忆。南希调用的是一段愉快的假日体验。

那是我第一次去夏威夷，一下飞机，就有人在我脖子上套了一个花环，走到哪儿都能闻到一股醉人的花香。那里的空气清新宜人，我心想："这不就是伊甸园嘛！"

你不妨找一段难忘的美好经历，沉浸其中，细细地回忆你当时的感觉和心情。你想起的细节越多，这段记忆越真实，就越能令你快乐。

练习几次后，你就能随时重温这段记忆，体会一段好心情。

对自己有不好的想法的时候，你不要逃避，也不必否认，你要留意它，喝令它滚开，接着用那段愉快的经历替代它。

这种练习是一个良好的开端，让你对自己好一些。南希发现这个方法能帮她打断自责的念头。久而久之，她觉得自己不再那么伤心，也不再那么紧张了。她说：

我尝到了掌控情绪的甜头，这是前所未有的，以前我连想都不敢想。重温夏威夷那段甜蜜的回忆，我的情绪竟然不再低落了。我还发现，以前遇到问题时，我一直都是在自己折磨自己！

只有多练习，你才能适应这种思维暂停法。心情不好的时候，你恐怕很难立刻停止折磨自己的旧习。不过，一旦思维暂停练习见了效果，你会立即摆脱自己给自己添的痛苦，长舒一口气，觉得一身轻松。

伤心的时候，请你好好关爱自己

你也许和许多来我这里咨询的人一样，花费了大量的精力和时间照顾别人。关照他人是女人的天性。如果你关心的人不开心，觉得孤独、苦闷，你清楚怎么安慰他，给他一个好心情。现在，我希望你像安慰别人一样安慰你自己。这是你迎接改变的关键一环。你要学会关爱你自己，从而觉得自己更加坚强，敢于解决自己的问题。

这个阶段的辅导开始前，我一般会请来访者列一份清单，说说如果别人心情不好，她们安慰别人的 10 种方法。她们列的一般如下：

- 给他们拥抱。

- 爱抚他们。
- 倾听他们的苦楚。
- 安慰他们，说一切都会好起来的。
- 做一顿他们喜欢吃的饭菜。
- 带他们去一个温馨的地方走走，散散心。
- 带他们出去看场电影。
- 叫他们洗个舒服的热水澡。
- 建议他们出去游泳，或参加其他运动项目。
- 送他们点小礼物，逗他们开心。

请你也列一份清单，写上你安慰、关爱他人时做的难忘的事。

关爱自己

你为别人奉献的爱心，也应该给自己留一份。从现在开始，你要像关心爱护别人一样爱护自己。无论你需不需要，都请你的孩子和朋友给你一个拥抱。身体的接触非常关键，尤其是你情绪低落、心情不好的时候。从现在开始，请你每天都花一段时间，做一些让自己开心的事。从今天起，你一定要像关心别人一样，顾及自己的幸福，关心自己的身心健康。

你也许觉得这很傻，认为这是娇惯自己，或者认为这无关紧要。不过，请你相信，关心爱护自己才是现在的头等大事。

以下几个简单的小练习可让你掌握技巧，关心爱护自己，缓解你的压力。你可别急于求成，忽略了这一段。

人们一般不肯花时间做自己喜欢的事，连最简单、最方便的活动也不愿参加。出于这个原因，我请来访者和自己做一个约定：请她们答应每个星期参加一项简单的活动，每天至少做一件能让自己开心的事情。

希望你抽出少许时间，为自己做一份表。每隔几周换一次活动项目。你可别以为这些活动是灵丹妙药，你只需要把它们当作你久别重逢的老朋友。

南希最初约定的几项活动都比较消极，比如“我不想成天闷在家里”，我叫她换上积极向上、趣味横生的活动。以下是她修改后的约定。

- 我要好好洗一个泡泡浴。
- 我要踏着夕阳，在海滩上散步。
- 我要拿出一定的时间听我喜欢的音乐。
- 每次见面、道别，我都要和朋友拥抱。
- 我要和闺密一起出去吃饭。
- 我要去美甲。
- 我要去按摩。
- 我每天都要化妆。
- 我要重新开始游泳。
- 我打算每周送自己一件小礼物。

南希给自己的约定中，格外关键的一点是对身体的关照。她和杰夫的关系已不再亲密，如果她需要杰夫的亲昵，他恐怕会误以为她邀他做爱呢。更何况对南希来说，两人间的性生活一向没什么快乐可言，所以她不再要他的亲昵。但这时候，南希不能没有身体的愉悦，所以我建议她多去游泳、洗泡泡浴，或去按摩什么的，再说她也喜欢这些。

杰姬却另当别论，她和马克的性生活和谐甜蜜，所以她在约定中写道：“希望马克多抱抱我。”

关键是要养成规律的生活，给你的需要留出时间，做做给你带来快乐的事。不过，仅仅停留在想还远远不够，你必须付出行动，可千万别把你亲手订的约定当成了一纸空文。如果你想拥有健康的身体、愉悦的心情，切记要像关照他人一样爱惜自己。只有关心自己，你才能打破不顾自己的旧模式，排解自己的痛苦。

第十一章

支持系统：给内心的小孩一个家

孩子弱小年幼，为了生存，他们势必要从小学会把握分寸，应对在家中的遭遇。许多前来咨询的人面临的一个问题，是他们小时候的无助感一直延续到了今天，哪怕他们目前的生活状况已非同往日。

我们在第七章都看到了，杰姬对马克施暴的情绪反应跟小时候父亲对她恶言恶语时的反应如出一辙。与马克在一起体会到的恐惧和无助感，让她仿佛回到了从前，杰姬还不能以成年人的有力反击取代从前的反应。她需要做的是追根溯源，因为只有了解了她目前的行为源于早已成为过去的恐惧，她才能逐步改变她的反应。

追根溯源并非一蹴而就。一再追问她们童年的经历，许多来咨询的人对此显得很不耐烦——她们迫不及待地要解决的是与伴侣之间的矛盾。但我认为，只有先祛除有碍女性成熟的心魔，新的行为模式才能固定成一种习惯，她与伴侣之间的问题才能得到解决。

支持系统

我们一块儿做的练习和辅导迄今还属于认知层面——主要涉及你的思维、理性和想法。但即便是这些练习也会牵动你强烈的心绪。我现在要向你介绍的练习更富感情色彩，因为它解决的是童年往事。哪怕对于再坚强的人来说，往事也常常不堪回首。

欢迎你来我的办公室，看看我辅导咨询者的场景，见识见识旧创对目前行为和情绪的直接影响。要说单靠这本书，你就能解决这个难题，那是不负责任的说法。一名女性接受辅导时，无论是单独咨询还是集体辅导，她始终都需要一个稳定的支持系统，来处理她强烈的情绪反应。如果身边没有这种支持系统，你最好别做这项练习。你应该找一个能提供安全场所，并能应对你强烈情绪的咨询师、咨询团队，或妇女保护中心。

虽说有时候朋友也能帮忙，但处理童年的伤心事，朋友的支持恐怕远远不够。面对揭开旧伤疤时涌现的伤痛，心怀善意的朋友也往往束手无策。

此外，如果你童年时期遭遇过虐待或性侵，我建议你最好寻求专业人士的帮助，揭开了旧伤，你才能采取新行动。如今针对儿童虐待的团体遍及全国各地，另外还涌现了许多专注这方面的咨询师，研究成果非常显著。就我个人多年的从业经验，虐待或性侵造成的创伤易于理解，也有针对性，因此这方面的治疗往往有立竿见影的效果。

对女性来说，童年伤得越深，成年后，她就越没有自信。不过，只要你勇于面对和解决心里的旧伤，治疗就会有非常显著的疗效。

那个战战兢兢的小姑娘

妮姬告诉我，艾德冲她发脾气的时候，她总觉得难堪、屈辱，认为自己无能、丢人。我让妮姬想想，这辈子还有没有别人让她有这种感觉，她想起来下面这件往事，那时候她才九岁。

我父亲非常看重我弹得一手好钢琴，可惜我压根儿不喜欢。不过，我练习得非常刻苦，希望能讨他开心。我胆子小，害怕当众弹琴，每次硬着头皮上台表演，我都无一例外地搞砸了。我爸不是那种扯着嗓子嚷嚷的人，他只会板着脸、一声不吭。那次轮到我独奏，我紧张得忘了要弹的一整段谱子。回家的路上，他说他以后都没脸再见别人了，说我当众给他丢了人，让他太失望了。他说我还不如干脆就是一个笨蛋，没有弹钢琴的天分，也省得耗费了他这么多年的心血。他骂我不用心、没脑子，还说我懒，不肯练琴。我彻底崩溃了。我辛辛苦苦地练琴，就是为了讨他喜欢，谁知却是白费工夫。一路上，我强忍泪水，羞愧难当，甚至想到了死。

出乎妮娅意料的是，她发现她的婚姻重演了童年的一幕，那个始终长不大的小姑娘在作祟。为了让她回忆童年时光，我请她带一张小时候的照片过来。我们两人望着照片，父亲羞辱她的一幕幕仿佛潮水一样涌上了她的心头。

为了让她认识到，当时她年纪还小，有多么脆弱，我要她去附近的一所小学去看孩子们玩耍，然后从中挑出一个能让她想起小时候的自己的小女孩。妮娅要认识到，经历那些痛苦往事的时候，她还那么小，孤苦无助，而那个小姑娘还藏在她的心里，每逢艾德施暴，战战兢兢的是那个小姑娘，不是她。

为什么要回首往事

我们往往误以为只要不主动去记起或否认痛苦的往事，它们就会自动消失，最终不复存在。但事实上，潜意识中挥之不去的魅影和断断续续的记忆在我们心头留下了深深的创伤，让我们永远难忘。你矢口否认或极力掩饰的痛苦往事控制着你，但只要说出来，它们就会像鬼魅见了阳光一样，顿时烟消云散。

化解往日的愁绪

回首童年的往事仿佛一石激起千层浪，揭开了来访者们忍受多年的旧伤和痛苦。只有承认和抚平了这些心绪，她们才能把握今后的人生。

平息积怨

回首童年的往事，想起曾经的遭遇，妮姬发现自己心头的怒火始终无处发泄。大家都知道，有怨无处诉，怨气不会凭空消失，它只会隐藏起来，变成各种症状。

你越是压抑怨气，它越可怕。对大多数人来说，怨气令人难受，强忍怨气更让人难挨。

妮姬不止一次地记起她千方百计地讨好苛刻的父亲，结果却招致他的刁难、呵斥和蔑视。我劝她不要怕这些回忆勾起的怨愤，而是要重新体会这段经历。我很清楚，她会发现它并不像想象的那样吓人。

为了帮妮姬排遣积怨，免得被它压垮，我请她想象自己与父亲对话。我搬来一张空椅子，让她把椅子当作父亲，对他说出自己想说却始终没说出口的话。我让她以“你怎么能”开头，我们来看看妮姬是怎么说的。

你怎么能那样对我？！你怎么能那样羞辱我？！你以为你是谁呀？！我一向敬重你，崇拜你。你知道你多伤我的心吗？我做什么都不如你的意。在你面前，我简直就是个傻子。就为了让你多爱我一点点，我什么都愿意为你做！

做完了这个训练，妮姬仍浑身哆嗦。她平生第一次冲父亲发脾气，但这不仅没什么大不了的，反而发泄了她心中的怨气。

对有些来访者来说，语言还不足以宣泄心中的积怨，她们需要付诸行动，我一般鼓励她们多进行体育锻炼。网球、壁球等竞技体育能帮你发泄积怨，消解身体的紧张感。

妮姬也不例外，她也需要靠身体宣泄。虽说她是位现役女警察，也是位出色的运动员，但还是憋了一肚子气，紧张性头痛也经常发作，而且脖子和肩膀还经常抽筋。

我的诊所提供宣泄情绪的可控场所，我们可以一起做这个训练。我要妮姬对着空椅子想象她父亲，接着拿我备在办公室的一把塑料充气球棒打椅子，尽情宣泄她的怨气。刚开始她认为这样做很可笑，但经不住我再三劝导，她最终答应试试。她双手攥着球棒高举过头顶，砰的一声砸向椅子。她一下一下地砸着，最后简直停不下来。我提醒她可以边砸边说。她砸着椅子，多年的积怨涌上心头，她一遍遍地喊着："你怎么能那样对我？你怎么能那样打击我？怎么可以？怎么可以啊！"大约三十秒后，杰姬放声大哭，扔下了球棒。我抱着她，直到她止住了哭声。

过了一会儿，她恢复了平静，我注意到她身体放松多了。妮姬告诉我，刚才那一幕真够吓人的，但她感觉好多了。

妮姬和我一起排遣的积怨越多，她越是觉得欣慰。看到自己怒火中烧，然后得到释放，接着恢复平静，觉得一身轻松，这对妮姬来说是一个巨大的突破。

由于重新体会愤怒会令人心烦意乱，我一般都在一旁密切监督和亲自辅导。无论什么时候，我都不会让来访者过度地宣泄，也注意不让她们愁眉苦脸、满腹心思地离开我的办公室。妮姬那天临走前，我让她放松，闭上眼睛回忆一段愉快的经历（这是我在思维暂停一节中介绍过的训练）。我要妮姬重温那段令她身心愉悦的记忆，等到恢复平静才能离开。每次来访者宣泄完情绪后，我一般都会引导她们放松身心，结束当天的一课。

虽说排遣愤怒非常过瘾，但我让来访者这么做并不是因为好玩，而是要见效果。在安全、可控的环境中宣泄被压抑的愤怒，对觉得自己像一个无助的孩子的人来说，是一种最有成效的矫正法。

改变过去的观念

我们往往对父母的评价深信不疑。妮姬钢琴独奏的经历便是一个很好的例子——她把父亲对她的苛责当了真。父亲骂她懒、不上心、没脑子、笨、丢人，她都信以为真。在她这个小姑娘的耳中，这不是父亲一时的气话，而是大实话。

在孩子眼中，这不是强加在他们头上的苛责，而是他们身上实实在在的缺点。等孩子长大以后，他们会认为自己挨骂纯属咎由自取，自己罪有应得。

为了摆脱童年时烙在心中的负面评价，妮姬需要将它们说出来，并好好审视一番。认清了许多让她心情不快的往事后，她现在要看一看这些烙在她心头的否定意见。

我请妮姬列一份父亲这些年来对她的责骂，结果她写了一张纸：

爸爸眼中的我

- 我粗心大意。
- 我自私自利。
- 我没脑子。
- 我是个笨蛋。
- 我无能。

- 我丢了全家人的脸。
- 我让他失望了。
- 我是个白眼狼。
- 我是坏人。
- 我成事不足，败事有余。
- 我不中用。
- 我太懒，注定一事无成。

妮姬长大后，在工作中和运动场上对自己的要求特别高。我请她说说偶尔没有达到她女超人的目标时，她会对自己说些什么，她总结出以下几条：

一旦遇到失败，我就会对自己说

- 我努力得不够。
- 我真不在乎自己是否名列前茅。
- 那次的表现，连我自己都看不过去。
- 要不是我太懒，就不会落到今天这步田地。
- 我什么都干不好，活该一事无成。

妮姬立即发现，她和父亲一样过于苛责自己，继承了父亲当初的老套路。我请她再看一遍父亲对她的否定，然后用大粗笔在上面写下：“你当初说得不对，现在也是错的！”

这时候，妮姬告诉我，父亲偶尔也夸过她。他夸她聪明，是个体育人才，夸她长得漂亮。但由于批评和否定已经为他们父女关系蒙上了一层阴影，加上否定的影响往往强于肯定，她难以相信父亲偶尔的夸奖。久而久之，父亲反而把她说糊涂了。

童年时期，大多数人身边都至少有一个人始终如一地疼爱、支持、在乎他，肯定他的成绩。对妮娅来说，这个人是她的母亲。对别人来说，这个人也许是祖父母、其他亲戚，或者父母的朋友、小学老师。妮娅需要重温母亲对她的评价。我请妮娅列一份母亲对她的赞许。

妈妈眼中的我

- 我聪明。
- 我可爱。
- 我风趣。
- 我慷慨。
- 我能干。
- 我刻苦勤奋。
- 我脾气好。
- 我充满活力。
- 我漂亮。
- 我是个惹人喜爱的小姑娘。

妮娅列完这份清单后，我问她："长大后，说到自己，你几乎一次也没提到这些优秀的品质，你不觉得耐人寻味吗？"为了帮妮娅接受这些被忽略的正面评价，我让她在这页的最后写上："这是真话，我一向如此！"

接着我请妮娅举行一个小小的仪式，摆脱她早就信以为真的负面评价。她要做如下几个步骤。

1. 把这份负面评价带回家。
2. 把它撕得粉碎。

3. 把碎纸片付之一炬，或者埋掉，或者丢进马桶，放水冲走。

妮姬告诉我，举行这个小小的仪式总让人觉得有点荒唐可笑，但肯定有助于减轻负面评价的威力。她不仅亲手撕毁了父亲对她的差评，而且重塑了对自己的好感。

学会重新培养内心的小孩

妮姬这下才认识到，她从小受到了非常深刻的心灵创伤。她心里至今还住着那个被父亲百般批评和挑剔的小姑娘，长大后，她迫切希望得到男人的赞许和认可。少了这份认可， 妮姬就觉得无力、害怕。她需要治愈和重新培养这个小孩，以便从内心获得对自己的认可。为实现这一目标，她要对自己大声说出或写出一直以来希望从父亲那里听到的对自己的认可。

我让妮姬给内心那个伤心的小姑娘写一封信。信中不必宣泄她对自己的负面评价，而是要从一个成年人的角度安慰一个伤心、苦恼的小姑娘。妮姬要对小女孩说说自己小时候希望听到的暖心和亲切的话。下文是她写给自己的信。

嘿，小宝贝！

我真后悔，不该对你百般挑剔。是我错了。你是一个优秀的小姑娘，我知道你很努力，想把每件事都做好，好让大家，尤其是爸爸喜欢你、爱你。可惜事与愿违，对吧？要我说，爸爸是爱你的，只可惜他不懂如何表达。他给你买过许多礼物，但我猜你宁愿不要礼物，而要他偶尔对你开怀地大笑，轻轻地拍拍你的背。

我想告诉你，我爱你，我要爱护你，我不会再让别人伤害你。我是你的依靠，我绝不会抛弃你。你是一个非常不简单的小姑娘，我希望你牢记这一点。你幽默风趣、聪明伶俐，我知道你努力做个乖孩子，努力学习。如果你不喜欢弹琴，根本不必碰那架破钢琴。

爱你的妮姬

许多人对过去难以释怀，放不下他们从小受到的屈辱和怨恨。不少来访者甚至一口咬定，她们自己那时真的又丑又淘气。给内心受到伤害的小孩写信，帮妮姬拭去了父亲强加在她心头的愧疚和自责。她现在总算明白了，她小时候不过是父亲失意时的一只无辜的替罪羊，这个认识让她不再过于苛责自己。卸掉不该背负的责任，不仅能吹散无辜的孩子心头的阴霾，而且能让长大后的他们坚强起来。

作为成年人，如果妮姬不培养自信、确立自我价值感，他人再多的赞许和认可恐怕也无济于事。因此，只有彻底抚平从小烙在心头的伤痛，她才不必迫切指望别人给她一个好心情。

当内心又响起父亲刻薄的声音，呵斥、批评自己的时候，妮姬渐渐清楚自己不再是当初那个小姑娘。她明白，关键是要赶走这个刺耳的声音，代之以她最近练习对自己说的亲切、肯定的话语。经过我们的共同努力，妮姬仿佛变了个人似的。她不再苛求自己，说话也委婉了许多，而且觉得一身轻松。她对自己更体贴、更宽容了。

终结老一套的威力

为巩固妮姬转变的效果，我提出再做一个练习，以便解除父亲对她的控制。

我请妮姬想象自己站在一座坟墓旁，墓穴中停放着父亲对她的否定和负面评价。我递给她几支特意准备的干花，请她复述如下几句话：

- 我要埋葬小时候父亲对我说的恶言恶语。
- 我要埋葬父亲对我的批评和压在我心头的魔障。
- 我要埋葬对父亲的认可和表扬的渴望。
- 我还要埋葬“有朝一日父亲终会对我有求必应”的幻想。

愿它们安息。

天下葬礼都一样，有痛苦也有悲伤，当妮姬放下了幻想，不再期望有朝一日找到那把魔法钥匙，把父亲变成自己从小渴望的样子时，她非常伤心。

作为成年人，妮姬要认识到，父亲也是一介凡人，不可能什么都能满足她。对她严厉，是父亲的天性使然。要妮姬接受“自己改变不了父亲，无法把他变成自己心中渴望的那位温柔体贴的父亲”的事实，她心如刀绞，但她不得不接受：父亲如果爱她、赞许她，何必要等到今日。

事已至此，妮姬不禁悲从中来、心灰意冷，但也觉得无比释然。以前为了得到父亲的爱，她不知白白浪费了多少心血；如今她可以集中精神，追求对她来说明确、有意义的事。

不敢对父母发脾气

妮姬问了一个许多咨询者都问过的问题：“我们做的训练不会伤害我和父母的关系吧？”妮姬是这么说的：

现在我重温了我对父亲的怨气，了解到我改不了他的脾气，但我担心这会破坏了我们相处的美好时光。归根结底，他是一位好父亲。他从没打过我一巴掌，我想要什么，他都会想尽办法给我买。他供我上大学。为了养活一家人，他拼命工作。我那么生他的气，简直是不孝。

我告诉妮姬，她可以留住父亲好的一面，只是解除父亲对她情绪的控制。现在她要诚实地面对自己对父亲的感受，她可以将自己和父亲之间的关系看成是两个成年人之间的关系，不再是当初那个渴望父爱的小姑娘和吝啬给女儿关爱的父亲之间的关系。

人类行为中最叫人不堪忍受、最有害、到头来也最具破坏性的就是压制怒气。现在妮姬放下了旧怨，发现它并不是她当初以为的那个吓人的魔鬼，她现在准备解决对丈夫艾德的怨恨。

恰恰是因为人们害怕愤怒，所以才不去学习如何疏导、控制或宣泄愤怒。在接下来的几章中，我将讲解把从前和现在的怨气转变为动力和活力的办法。一旦女性对伴侣的虐待感到非常愤怒，她就不可能也不应该一味地忍气吞声、逆来顺受。

第十二章
如何处理愤怒情绪

我辅导葆拉是从她参加我举办的一期“乱伦受害者小组”开始的。小时候，父亲经常打骂甚至性侵她。对这种严重的罪行，她一向忍气吞声，这种情况影响到了她生活的方方面面。嫁给身为心理医生的格里那会儿，她自卑、自认为是个受害者也就不难想象了。我辅导她抚平童年创伤的时候，她又伤心地吐露，她还遭到了丈夫的虐待。因此她还得继续治疗，解决心头对他的怨恨。

自我审视对丈夫的怨恨

我首先教葆拉给格里写一封信。当然，这封信她不会寄出，也不会给他看。写信旨在帮她梳理对格里和两人婚姻的看法和感受。我给葆拉列了一份提纲，教她按以下三个方面写：

- 你是这样对我的。
- 这是我对此的感受。
- 这是你对我产生的影响。

我嘱咐葆拉，不要担心，有什么就写什么，不要保留。这一刻，她可以一吐为快，实话实说。以下是她写给格里的信。

亲爱的格里：

我们在大学认识的那会儿，你善解人意、体贴入微。你是第一个肯真心听我说话的人，我爱上了你，恨不得为你赴汤蹈火。你答应保护我一辈子、爱我一辈子，我太需要这一切了。那时候，我的家人快要把我逼疯了，我巴不得逃出那个家。你向我求婚的时候，我高兴坏了。我终于找到了避风的港湾，有了可以依靠的肩膀。

可我们结婚后，一切都变了。你开始找我的碴儿、找我工作的碴儿，我做什么都不如你的意。你变了，你不再体贴入微，反而一天到晚挑我的毛病。你让我心情跌落到了冰点。我信任你、爱你，可你却变得讨厌、自私，千方百计地侮辱我、贬低我。我真不知道做错了什么，让你这样对我！我怪我自己，我努力地改，希望有朝一日赢得你的爱，可惜我始终都做不好。这太让人痛苦了！我现在才明白，你不过是想把我牢牢地攥在手里，生怕我跑了，但你也太狠了！因为我爸对我犯的错，你骂我“烂货”。你说这话，太下作、太绝情了！他欺负我的时候，我才八岁。你知道我无能为力，拦不住他。你竟然翻出这个旧账羞辱我！你比谁都清楚，我心里有多愧疚、有多害臊！可你却不管。你是我真心信任的第一个男人，可你却不值得我信任。你知道你多伤我的心吗？你知道我的心在滴血吗？你太绝情了，拿那种事、说那种话羞辱我，我恐怕一辈子都不能原谅你。

我什么事都依着你。你说看什么书、什么电视、去哪儿度假，我都听你的。自从认识了你，我的哪一件事不是由你做主？除了辞职，那是我自己的决定，因为无论我做什么，你都没完没了地嘲笑指责我！我简直成了一个机器人！你说东，我就往东，但现在我想问自己一句，我凭什么要委屈自己，放弃做人的权利？

我莫不是疯了吧！嫁给你的十八年，我自信全无，尊严扫地。我什么都依着你，那是因为我爱你。但回头再想想你对我做的那些事，我恐怕对爱这个字领会错了。

你对我不好也就罢了，还一天到晚欺负孩子。你对他们恶言恶语，我还得为你开脱！

我不知道你是什么时候开始搞外遇的，但我知道你一贯拿我和别人比较，说我没人家有本事，没人家漂亮。后来我才知道她们是你的病人。你说的那些肉麻的事，我早该有所察觉。最叫我受不了的是，你还被人捉奸在床！你不仅怪她们出卖了你，还把错都推到了我身上！说我不爱你，不支持你！现在听起来这话是那么荒唐，但那时候我信以为真！我陪你坐在法庭上，听法官、律师宣读了几个小时你的罪状。我想做一个贤妻，在你有难的时候对你不离不弃。你知道我当时觉得多丢人吗？那么多双眼睛望着我，好像我是个傻子，到头来你又来指责我，好像罪责在我似的！

你什么责任都不肯担，不是吗？凡事都是人家的错。连霍利生下来就被诊断为脑损伤，你也怪我！你尽过父亲的责任吗，难道她不是你的亲骨肉吗？我一个人带她看病、把她养大，有苦我一个人吃，有难我一个人扛。我求你帮我一把时，你哪次不是转身就走，好像我从外面捡回来一个麻风病人似的，唯恐避之不及！

你摸着胸口想想，哪件事你问过我的意见？你就没把我当人看过。你就是一个以为天下唯你独大的小男孩！什么事都由着你的性子，想发脾气就发脾气。你以为你是谁，可以胡作非为！你再羞辱我、不把我当回事，像从前一样不顾我的感受瞧瞧？我偏不信这个邪。说什么爱，什么责任，我当初真是瞎了眼，但你给我听好了：我再也不会由着你了！十八年的罪，我受够了，我不想再遭罪。你别想再骑在我的头上。

你休想！

葆拉

葆拉又气又伤心，在治疗小组大声读这封信的时候，她几度泣不成声，好不容易才恢复了平静。在场的人个个都觉得心潮起伏，我也不例外。

她曾是一个逆来顺受、情绪低落、任人宰割的女人。但从这封信的字里行间，我们可以看出她改变的决心。她的治疗取得了很大进展，让我们看到了可喜的一面，她不再是那个战战兢兢的小姑娘，终于像一个成年人一样吐露出自己的心声了。

释放怨气时的“要”与“不要”

葆拉写给格里的信煽起了她心中的积怨。但相比对父亲，她对格里的怨恨却有所不同。父亲已淡出了她的生活，当然再也不会虐待她了。然而格里仍是她生活中重要的一部分，虐待她纯属家常便饭。她刚意识到自己多么恨格里，自然迫不及待地要采取点措施，和我辅导过的许多人一样，她希望快刀斩乱麻。

别仓促下决定

我常常提醒来访者，千万别一时兴起仓促做出重大的决定。盛怒之下，她们的判断往往带着成见。除非和丈夫在一起有性命之忧，否则现在还不到马上去找律师或收拾东西回娘家的时候。

别急着责备丈夫

葆拉打算骂格里一顿，至少要给他看看这封信。我要她先放一放。

她的心情我当然懂，但这根本无济于事，再说他也听不进去，原因如下：

- 葆拉一向说不过格里。
- 格里擅于转移话题，颠倒黑白，你说东他说西。
- 格里会矢口否认。
- 不管葆拉说什么，格里都充耳不闻。
- 格里一向擅长推卸责任，把错怪到葆拉身上。
- 格里压根儿不给葆拉说话的机会。
- 格里会吓唬葆拉。

和许多控制型男人一样，格里会认为反抗、质问或抱怨他的行为是对他的挑衅。格里不懂倾听葆拉的心声，不懂如何做一个丈夫。他只晓得反击。葆拉现在对他发一通火，宣泄一下怨气，不仅解决不了任何问题，还会适得其反，最后落得和从前一样，把怨气往肚子里吞。说得严重点，还有可能伤害两人的感情，让婚姻无法挽回。即便她下定决心要离婚，也要从长计议，而不是在气头上仓促做出决定。

她左右为难，不晓得怎样才能释去心头的怨气。她既不想离开格里，同时又对他怨恨难平。我的确能帮她排解一部分怨气，却消除不了她的全部怨恨。葆拉还要学会忍耐。这是一项艰巨的任务，但完全值得一试。

排遣愤怒，讲究的是方法

小组治疗给葆拉提供了一个安全的环境，让她排遣了一部分愤怒情绪。塑料充气球棒、角色扮演、写信等工具和手段也在可控的范围内宣泄了心中的怒气。

我还鼓励葆拉多参加锻炼。考虑到她每天都很累，还有四个孩子要照顾，几乎分不出身来出门，所以我让她在家锻炼，以便缓解她的苦闷。

葆拉是位艺术家，她还可以借作品创作发泄怨气。她这期间画的画虽不适合办画展，但画画本身却对她大有好处。她为格里画了一张丑陋的肖像，只要对他有怒气，她就对他的肖像发泄一通。此外捏泥巴对平复情绪也很管用。

葆拉还买了一辆自行车，孩子上学之后，她会在附近使劲地骑一圈。这不仅让她放飞了心情，也让身体好了许多，她发现，原来自己也有精力十足的一面。她这才意识到，原来愤怒也能转化成能量（其实，许多优秀运动员都会运用这个小诀窍，将愤怒转化成体能）。

愤怒是对挫折或侮辱的生理反应，一旦转化为体能，怒气自然也就消了。只要是锻炼，哪怕是做家务、洗车都有同样的功效。

别给男人火上浇油

现在葆拉能控制自己的心情了，但每次她想要格里对自己好一点，都是白费工夫，让她好生难过。其实，她对付格里的那套招数无异于给他找借口，火上浇油。每次她分辩、求饶或歇斯底里，最后却总是适得其反，反而落入了他的圈套。她忍气吞声、要求和解，其实明摆着是告诉他，她不知所措、茫然无助，最后反而成了他要挟她的把柄。

许多女性以为大吵大闹，反驳伴侣的指责是为了保护自己。这种行为自然是毫无效果。如果女人不主动说清楚她什么能答应、什么坚决不答应，无异于把自己交给男人，任他宰割。她大吵大闹和低声下气地求饶或大哭一样，都是失去了控制。只要激怒了她，控制型男人已经赢了一步棋。

下列行为无助于解决你的困扰。你不妨对号入座，看看丈夫对你施暴的时候，你是怎么反应的：

- 道歉。
- 低声下气地求饶。
- 哭哭啼啼。
- 争吵。
- 分辩。
- 说服他从你的立场看问题。
- 大吵大闹。
- 放狠话。

除了上述行为外，还有很多既简单又有效的应对方式，只是许多女性没学过。不过，我在把这些应对方式教给来访者之前，首先会问清楚，她们究竟想改善亲密关系当中的哪个方面。

发出你的声音

葆拉怎么想、怎么感受、怎么做，都得听格里的，亲密关系中的对与错全由格里一个人说了算。要想改善夫妻关系，葆拉的想法和话语权必须得到应有的尊重。为了开始这一阶段的锻炼，我建议葆拉这样跟格里说：

- 这是我的想法。
- 我认为应该这样。
- 我打算这样做。
- 我可不想这样。

• 我希望这样做。

少说以下这些话：

• 是我不好。
• 这样行吗？
• 我说得对吗？
• 你喜欢吗？
• 你千万别不高兴，都依你的好了。

自信的人能轻松地说："我有话直说，你爱听也好，不爱听也好。"在和谐的两性关系中，两个人都能自由发表自己的意见。可当家里有个控制型男人时，只有他的意见才叫意见，女人说什么，还得请示他。

对葆拉来说，想得到自己真正想要的，而不是格里认为她可以要的，她就必须先明确自己的需要、愿望和底线。

明确你的愿望

我让葆拉列出她对格里的希望，她写了下面几条：

我对格里的期待

• 我希望得到尊重。
• 我希望无所顾忌，想说什么就说什么。
• 我希望他能听我倾诉。
• 我希望他重视我。
• 我希望他和气些。

- 我希望他能理解我。
- 我希望有自己的信仰，能发表自己的看法和意见。

上述可能也是你对伴侣的期待。此外，如果你还希望男女平等，也许还要加上以下几条：

- 我希望钱方面的事，我们两人共同做主。
- 我希望性生活方面双方平等。
- 我希望他尊重我的劳动（无论是在家，还是在外面）。
- 我希望我们能一起参加我认为有意义的活动，而不是只有他来选。

别怕琐碎，只要你想要，尽管列上。你的希望越明确，越有机会实现。比如写明你需要什么样的夫妻生活，你对家庭开支的具体安排。

你除了希望伴侣体贴你、凡事都与你商量着办以外，恐怕还有些重要的人生目标想要实现，比如：

我的愿望

- 我希望重返课堂。
- 我希望多陪陪朋友或家人。
- 我希望找一份工作。
- 我希望在事业上有所发展。
- 我希望他多帮我做些家务。
- 我希望他多帮我照顾孩子。

你也可以列一份愿望清单，要详细、明确。“我希望开心”或“我希望有个好心情”等说法含混、笼统，不能给你一个明确的方向，自然也改善不了你们的夫妻关系。

葆拉对格里的暴行有一些明确具体的意见，我鼓励她列出来。读了葆拉列的清单，你不妨也一一列出两人相处中你不允许对方再犯的错误。

我不能允许的事

- 我不许他再对我嚷嚷。
- 我不许他再侮辱我。
- 我不许他再没完没了地找我的碴儿。
- 我不许他再不把我当回事。
- 我不想再听任他的摆布，他说什么，我就做什么。
- 我不许他再让我当众出丑。

你列出这样一份清单，其实是为你们的亲密关系设立了一个标准。没有参考或比较，你难以给他的行为划定一条容忍的底线。你要明确什么能忍，什么愿意忍，什么不能忍，你要对自己和亲密关系设定一个期望值。

夺回你作为成年人的权利

令许多来访者愤怒的一点是，夫妻双方不但不能相亲相爱，丈夫反而无视，甚至践踏了妻子的基本人权。为了点醒这些女人，我专门列出十条女性人权声明。请通读这些权利，并在训练中融会贯通。

女性人权声明

1. 你有权受到尊重。

2. 你有权拒绝为别人的问题或恶劣行径承担后果和责任。

3. 你有权发怒。

4. 你有权说“不”。

5. 你有权犯错误。

6. 你有权表达自己的感受、意见和见解。

7. 你有权改变主意，或者按自己的步调解决问题。

8. 你有权为这一改变据理力争。

9. 你有权请求感情支持或帮助。

10. 你有权反抗不公平的待遇或反驳无端的指责。

这十条女性人权声明无意指责或诋毁任何人。如果其中的某些权利在你听来只为了一己之私，或者与你从小所受的教育、对婚姻的期待和地位相矛盾，你也不必太担心。这是你的基本权利，必须得到尊重。

第十三章
设定底线：转变你对伴侣的态度

到目前为止，我为大家介绍了我在辅导来访者的过程中总结出来的小窍门，以及我自己设计的小练习，这些能帮她们认识自己的伴侣，同时也认清自己的心情。现在我们要直奔最具挑战的一个主题——转变你对伴侣的态度。

前文中我介绍了情绪宣泄的方式。由于情绪过于强烈或痛苦，我明确提醒过大家不可独自练习，必须要有专业人士在一旁辅导。不过，本章中介绍的练习则不同，从本质上来说，这是一种行为，而不是情绪。虽说有一点风险，但不会让你义愤填膺，或是悲痛欲绝。改变行为简单易学，而且能改变你们亲密关系中可能存在的权力不平等。

重写“剧本”

与控制型男人相处的女人往往守着一个“剧本”，她与伴侣各自扮演一个固定的角色：男人嚷嚷，女人道歉；男人找碴儿，女人分辩，诸如此类。要帮来访者改变这一出出家庭闹剧的结局，我首先得帮她们重写剧本。

葆拉告诉我，如果格里一进门，发现晚饭还没做好，当即就会大发雷霆。我问她，格里发脾气的时候，她是怎么做的，她说："我会说是我不好，然后一边找点借口让他消消气，一边手忙脚乱地做晚饭。"遇到这种情况，一些女人也是类似的反应，比如：

- 对不起，我没工夫去菜市场。
- 我尽了力呀。我上班也累得要命。
- 我有个班要加，所以回来晚了。

这种回应的问题在于，这不是解释，而是开脱责任。你为没按他的要求去做事找借口，让自己处于不利的境地。现在你要学着不用借口来回应。

我告诉葆拉，下次格里再为晚饭发脾气，不妨用下面的话答复他：

- 是呀，晚饭的确没做好。
- 下次我尽力早点做。
- 我们出去下馆子吧。

葆拉发现这一招有着意想不到的效果——她改掉了不假思索的借口式回应。她发现自己不仅控制了对话的走向，而且不给格里继续闹下去的机会。她不再找借口、推脱责任，格里也就没了发泄的对象。

葆拉渐渐明白了，格里其实是无理取闹。就算晚饭按时做好了，他还会找别的碴儿。如果她解释、分辩，就给了他吵下去的理由；如果她急着保护自己，就看不清是他在胡搅蛮缠。晚饭没做好不是问题的症结，这不过是格里找的一个小借口，以此对她展开心理战罢了，目的是逼她承认她不在乎他。

控制型男人大发脾气针对的往往不是眼前的对象，而是另有隐情。

明白这个道理的人不会像格里一样为了一顿晚饭发那么大的脾气。你可别忘了，控制型男人发怒没有底线，一点小事就能引起轩然大波。他认为饭没做好是直接冲着他来的，哪怕你再低声下气地求饶或解释，对他来说都没有任何意义。

“不分辩”在这里是一记妙招，因为这算不上认输。这一招不仅能帮你平息争端、掌控局面，也能让他不再无理取闹。

为了改善你们的关系，你们两个人至少要有一个像成年人那样处理问题。那个人不是别人，只能是你。靠“不分辩”这一招，你其实已经营造了一种和谐的氛围。你为他的行为设定底线前，关键是要营造出这种氛围。

设限的意义

为了下一步——改写“老剧本”，你必须学会给伴侣的行为定一个下限，明确地告诉他，你需要什么，什么能忍，什么不许他再犯。你不妨参考第十二章中“发出你的声音”和“明确你的愿望”中列的事项。

妮姬一想到要质问艾德，简直吓坏了。以前只要和他交锋，他不是威逼，就是恫吓，她最后只得败下阵来。葆拉那次质问格里，最后反而连声赔不是，但他就算表示会改，要不了多久，又会故态复萌。因此，葆拉和妮姬非摒弃以前的套路不可。你也是一样。旧套路根本行不通，但并不等于说你就此束手无策，只能忍气吞声。你还可以试着改变你自己的行为。哪怕这么做并不能如愿以偿地改善你们之间的关系，但至少能给你一个好心情。

和许多来访者一样，“新剧本”推出后，你也许会经历一段难熬的时期。为缓解你的紧张和焦虑，我一般会建议你事先排练一段时间。

你最好背下下文中符合你情况的句子，把它练熟，就像平时说话一样。但现在还不到你对他说这些话的时候，仅仅是私下排练时间。

新主张

•你不能跟我这样说话。

•你不能这样对我。

•你扯破了嗓子也没用。

•你这次吓不倒我。

•我知道这招一直很好使，但你给我听好了，从现在起，这招不管用了。

•我站在这儿可不是听你嚷嚷的。

•等你冷静下来，我再跟你讨论这个问题。

•我不许你贬低我。

•在乎我的人可不像你一样对我。

•你以前靠这种态度摆布我，但你给我听好了，那种日子一去不返了。

•你以为我还会像从前一样听你摆布？

多排练

每次我让来访者改变态度，她们往往都会产生一种莫名的抵制和恐惧。她们担心如果自己的反应变了，会导致天翻地覆的后果。我发现要打消这种恐惧，最好的办法是提供一个安全的环境，让她们放心地、充分地排练新态度和对话。排练得越充分，第一次采用新态度的时候，她们就觉得越自然。

第一次排练，我建议你找一个没人的地方，面前放一张空椅子，想象丈夫就坐在你对面，正在责备你。接着，你挑一句上文列举的话，比如“我站在这儿可不是听你嚷嚷的”，大声地说出来。你要一遍遍地练习，听起来才能让人觉得有力、可信、自然流畅。

我们再来想象丈夫将如何反击你的新态度。在想象中，不论他采取什么手段，你都不用担心。任由他发脾气时，你一贯的身心反应顿时涌上心头。对这种反应，你要见怪不怪，接受这种反应始终陪伴你左右，即使你已变得主动、果断和自信。昔日的反应模式由来已久，不会一下子消失。不过，随着新行为练习得越来越好，昔日的反应自然不会再那么强烈，由此造成的不适感也会渐渐淡去。你清楚事情将如何发展，就不会太过恐惧。

你对着空椅子一个人练习的时候，不论在想象中你丈夫怎么羞辱你，对你恶语相向，你都要坚守阵地，不为所动。请你用上文所列的措辞回应他，哪怕一开始听起来不够一气呵成。请你记住，你是在检验自己的新力量和决心。

下文中的练习，看上去有点不可思议，但它让不少来找我咨询的人幡然醒悟，下定决心再也不重蹈覆辙。

找一张空椅子，想象你丈夫坐在上面。请你跪在他跟前，说以下几句话：

- 我是个可怜虫，卑微、招人反感。
- 你厉害，全知全能，是个人才。
- 以后你怎么样我都忍着。
- 你批评得都对。
- 不管你怎么对我，我都认了。
- 为了得到你的爱，我愿意听你的。

做了这个练习后，来找我咨询的女性无不觉得愤怒、羞愧和自卑。

一个女人告诉我，以后再也不对丈夫说这种话了。我对此深有体会——神志清醒的人都说不出这种话，做不出这种事。我问她："即便不说这种话，你对他的态度是不是也传达着这个意思呢？"

做了这个练习后，许多女性意识到，尽管她们没大声说出这些话，但她们唯唯诺诺的态度却明白无误地传达着同样的意思。你可别忘了，是你的行为，而不是语言在告诉人家，从虐待你中能有什么收获。

找个人陪练

有一部分训练，找个人陪练比你一个人练习往往更有效果。有人陪练能营造出真实的场景。你可以找平时信赖的朋友，也可以找家人，但切记别找孩子。你们最好达成如下共识：

1. 他不对你做出评价。
2. 他不给你提出建议。
3. 排练中，不论你流露出什么情绪，他都支持你，护着你。

请注意，这个人是来支持你、鼓励你的，不是来教你怎么做、怎么感受的。我建议你最好找朋友，不要找家人，因为朋友看待问题的角度比家人客观。

在下面的训练中，朋友将扮演你的伴侣。为了演示得更逼真，你不妨挑一段你和伴侣最近闹过的不愉快，由你来扮演你丈夫，先向朋友再现当时的场景以及他对你说的话。比如：

你（扮演丈夫）：你怎么回事？我叫你把我要赴的约记下来。我爽了约，你这下开心了！你不把我当回事，对吧？你心里只有你自己，自私自利的女人！这次约见事关我的前程，可你就写几个字，到时候提醒我一下这点举手之劳你都不肯！

这个练习，你在模拟时最好尽量贴近当时的场景。如果丈夫平时喜欢嚷嚷，你说话时也要尽量提高嗓门。如果他一向吹毛求疵，你也要这样表演。

再现丈夫的所作所为期间，你要留意自己当时的感受。你第一次处于他的立场和角度。如果你扮演得生动，会更明白他的刻薄和幼稚。这段体验有助于坚定你改善自己处境的决心。

你向朋友演示了丈夫平时的一举一动和一言一行之后，接下来由朋友扮演他，你扮演自己，明确实践你的新态度，比如：

你朋友（扮演你丈夫）：你怎么回事？我不是叫你记下我赴约的时间，你没听见还是怎么着？

你：我站在这儿不是听你嚷嚷的。等你冷静下来再说。

除了掌握新台词，你还要掌握新想法。其实，你是在两个层面上转变沟通方式：你要对他说的话，你要对自己说的话。你可以想象你们夫妻二人冲突时在你脑海中闪过的念头，并将它们一一列出，这就是在他指责你、刁难你时你一贯对自己说的话，我称之为旧想法。南希列出的旧想法如下：

旧想法

- 他生我的气了。
- 我永远也说不过他。
- 他伤害了我的感情。
- 我该如何是好？

- 我真不知道怎么对他说。

南希脑海中不由自主地闪现的这几句话吓得她不敢去质问杰夫。她现在要做的是摒弃这些旧想法，代之以新想法。下一次丈夫吓唬你的时候，你不妨试试这些新想法：

新想法

- 我是个成年人。
- 他再嚷嚷也吓不到我。
- 我能控制我的情绪。
- 他该对自己的行为负责，而不是我。
- 他像一个被宠坏了的小孩子。
- 他失控了。

这个练习的目的在于运用你的思考能力，置身事外，旁观你当时的强烈情绪，从而打破老一套的回应模式。你别忘了，心头油然而生的老一套想法和反应不会凭空消失。在你转变思维模式的过程中，新想法会逐渐取而代之，同时也将改变你的心绪。老一套的想法让我们耿耿于怀，新想法却有助于打破以往的桎梏，放飞我们的心情。

明确你的底线

到目前为止，我们一直在可控和可预见的环境中排练。现在到了实战的时候了。你丈夫精通摆布和威胁你的方法，所以恐惧和退却成了你的本能反应。不过别灰心，新剧本排练了这么久，值得你一试。

葆拉到了这个节骨眼上又开始犹豫了。她告诉我：“不行，说什么都没用。这些年他那一套我习惯了，也挺过来了。推翻这一切可不是闹着玩的。”

为了帮她缓解这种心情，我让她再复习一遍前文中所列的新想法，直到完全内化为止。等到格里下一次发作，她就能从容应对了。我提醒葆拉：“你既不能指责他，也不能任他指责。你要给他设个限度，什么话能说，什么话你不爱听。”过了几天，葆拉来咨询时说：

那天我带孩子们出去了一趟，也及时赶回来做饭了，可那天不晓得什么原因，格里早早下班回到家。看到我不在，他大发雷霆，一再追问我去了哪儿，接着又来了老一套，说我只顾孩子，不管他。我的第一反应是解释我们去了哪儿、为什么要去，但我忍住了。我告诉他：“我站在这儿不是听你说这些话的。”他蛮不讲理，我也懒得跟他解释。我说：“别跟我比嗓门，我不吃你这一套。”他听了，惊得脸都白了。我也吃了一惊，我做到了！一招不成，他又耍起了另一招。他说：“你不会是经前综合征吧？”见我没有反应，他自顾自说道：“我真替你担心。你最近的行为有些反常，不会是咨询得走火入魔了吧？你现在格外冷漠，斤斤计较。”虽然当时我的手在发抖，但我能清楚地看出这一幕有多可笑。他把错全推到我的身上，就因为我能受得了他。我也不知道从哪儿来的力量，耐着性子告诉他：“你那一套再也不管用了。”这一招真有效！他气哼哼地冲出了家门，把门摔得山响。几个小时后，他又灰溜溜地回到家，生了一个晚上的闷气。这事要是搁在过去，肯定是我赔礼道歉，向他示好，但这次我忍住了，让他自作自受，没去理他。

葆拉这种一辈子低声下气、担惊受怕的女人非常希望挺起腰杆，大胆说一句真话，陈述自己的意见和要求。葆拉在小组讲述这段经历的时候，脸上露出掩饰不住的自豪。她惊讶地发现，采取了自信的行为，她在婚姻生活中变得强大起来，这一招效果显著。当然，娴熟地运用这一招还需要时日。从那次之后，葆拉每次都明确告诉格里，她赞成什么，反对什么，给出自己的底线，她变得更加坚强和自信，同时也更加坚定了改变的决心。

掌握他的反应

当你质询或威胁一个幼稚的、没有安全感的人时，他往往会拿出他的老一套，企图把局面拉回到过去他熟悉的模式里。毕竟他那一套现在不一定管用，可放在过去的模式里还是非常管用的。因此，你丈夫对你新表现的打压恐怕会变本加厉。要渡过这一关，你要牢记自己有一招撒手锏：与你离不开他相比，他更加依赖你。他害怕被抛弃，害怕孤独，所以才千方百计地留住你。

你给出底线，采取新行为，在他看来是与他争夺控制权。你收回了之前由他掌握的权力，他怎么肯轻易放弃，只会与你争斗下去。他也许变得更加霸道，更加盛气凌人，说不定会与你冷战，扬言离家出走，或者想着法儿地惩罚你。你别忘了，他内心有一个被吓坏了的小孩，他霸道、为所欲为，不过是为了掩饰内心的不安全感。这说不定是件好事，告诉你只有内心恐慌的人才是这种表现。自信的人不需要控制别人。

面对伴侣的新力量，有些控制型男人采取了截然不同的一套反应，他们声泪俱下、连声道歉，信誓旦旦地答应悔改。控制型男人使出这一招，像个吓坏了的、伤心的小男孩，显得楚楚可怜，女人见了恐怕都会心软。不过，耍横、霸道也好，哭哭啼啼、连声求饶也好，控制型男人的目的都是一个：让伴侣别想着改变这种关系，维持之前存在的、令他觉得安心的权力。

男人的上述种种反应进一步证明，你才是两个人当中的强者，因为只有你才愿意调整态度，改进行为，不惜代价地做出改变。你最了解自己的心情，不靠摆布或制服别人，你也能活得下去，活得很好。

葆拉挑战格里的权威时，格里的反应是变本加厉，葆拉不知何去何从，不知究竟谁更有优势、更强大。如果你也遇到类似的困境，不妨试着换一个角度想，不是“我究竟哪儿有问题，他要这样对我”这种老一套的观念，而是“他究竟哪儿有问题，为什么要这么做”。男人变本加厉地对你的时候，这种新角度会一路陪着你坚守阵地，承受痛苦。当他胡搅蛮缠的时候，你不妨试试以下几种方法：

- 我用不着去管他。
- 我吃得消。
- 他要对自己的行为负责，而不是我。

另外别忘了提醒自己这一点：**我是谁，跟他的评价没有关系。**

与我辅导过的许多女性一样，葆拉非常在意自己在别人眼中的形象。一直以来，她始终在意格里认为她“还行”。一旦她挣脱了渴望得到格里认可的枷锁，就会明白她痛苦的根源在于把自信建立在另一个人一时的兴致上。

有备而来，不能退缩

接下来的几个月，格里使出了种种手段，希望葆拉放弃她的新行动。他经常大发脾气、生闷气、横挑鼻子竖挑眼，利用他的专业知识跟她打心理战，还经常一出门就好几个小时，故意不说要去哪里，每次出门，他都故意把门摔得震天响。幸好葆拉看出了他这一套背后的鬼把戏：他指望靠虚张声势、恐吓让葆拉回归“常规”状态。她没有退缩，她的新行为最终取得了效果。

谁也说不准要多久才能见到新行为的效果。谁也说不好你要捍卫多少次自己的权利，设定多少次限制，才能改善你们的夫妻关系。不过，你们相处得越久，他越是固守从前的行为模式，就越抵制改变。但你别灰心。你要记住，每次都采取不同的方法，要慢慢来，别指望产生立竿见影的效果。我对葆拉说："你和格里这种情况不是一夜之间形成的。你要不厌其烦、一遍遍地展示你的自信，格里才能重视你。"

教他如何表现

由于控制型男人往往不清楚自己的态度和行为有多过分、多伤人，因此妻子必须教他如何表现。葆拉必须明确告诉格里，他的哪些行为伤害了她，哪些行为她无法接受。

她要用到的其实是一些简单的行为矫正法，包括不用老办法巩固或奖励格里的负面态度和行为。另外，格里亲切体贴的时候，她要表示感激。

我告诉葆拉，格里对她格外好的时候，她要学会使用下文的语句：

- 你……时候，我真的很感激。
- 谢谢你……。
- 我喜欢你……时候。
- 你能……真好。
- 你……的时候，我真的好开心。

格里经常从办公室带些杂志回来给葆拉做拼贴画素材，这是他体贴的一面。我嘱咐她，一定要让格里知道，她非常喜欢，也非常感激他这么做。那次她一说出口，格里顿时变了个人似的。"他开心得像个小孩子！”她说。

葆拉改变了态度，格里对她的表现也发生了很大的变化。夫妻之间的关系也随之缓和了许多，慢慢地格里开始尊重葆拉。

一旦发现你再也不听任他的摆布，许多控制型男人反倒会服软，变得更好相处。如果是这样，你们就可以培养亲密无间和平等的关系。

实现你的目的

等你定了底线，赢得了丈夫的尊重之后，就可以逐步向他提出要求。首先，请温习第十二章文末的练习，你不妨用它来明确你的愿望和要求。你要挑几个关键点，免得一次要求得太多，显得你太过分。

我请葆拉列出希望通过实际行动实现的愿望，她列出了如下几项：

- 我希望在钱的问题上有平等的话语权。
- 我希望自己开一个户头，存点私房钱。
- 我希望有人帮我做做家务，照顾孩子。
- 我希望格里以后对孩子说话别再那么凶。
- 我希望在家里辟出一个房间，做我的画室。

我问葆拉，上述愿望，格里最有可能抵制哪一条，她说：“那还用说，钱呗。他平时给我零花钱，每一分钱都要查得清清楚楚。”因此，我们决定首先从钱这个问题入手。如果她能解决最难的一个问题，其他的都不在话下。

葆拉首先要明确自己的底线。如果格里在钱这个大是大非的问题上不肯妥协，她究竟能走到哪一步。她明确表示不愿与他离婚。带着四个孩子，其中还有一个患脑损伤，手上没钱，又没办法出去工作，她不愿过那样的日子。我告诉她："如果你这么想，底线无异于一句空话，你得说到做到。"她说："我可不是说着玩的。除非手上有钱，怎么花由我做主，否则我始终像一个跟爸爸要零花钱的孩子。"

尽管葆拉能流畅、自信地表达自己的想法，但一说到钱的问题，她顿时蔫了，都不知如何向格里开口。请看如下对话：

苏珊："你为什么不说'有自己的户头，有自己可以支配的钱，对我真的很重要。这涉及我的自尊'？"

葆拉："他的话我耳朵都听出茧子了：'你不懂理财。钱是我挣的，怎么花，谁管，我说了算。再说你有什么好抱怨的，我让你缺吃少穿了吗？'"

苏珊："那你跟他说：'我觉得你没认真听我说话，格里。我希望自己手头上有点活钱，如果这点小事都谈不拢，我别无选择，只好出去找份工作，挣点零花钱。'"

鉴于格里脾气暴躁、反复无常，我建议葆拉一个人多演练几遍，对他平静地提出要求，而不是求他。另外，我建议等他情绪平稳的时候再提。

后来葆拉向格里提出这个要求的时候，他的反应早在她意料之中。但她寸步不让，最后是他妥协了，他吼道："你这是十足的敲诈！如果你非把钱看得那么重的话，行，依你！"他们讲好，过几天在银行碰面，为她单独开一个户头。但事后他又反悔了，为了不让妻子得逞，他没有如约在银行露面。葆拉带着哭腔给我打来了电话。

我建议她看看报纸的求职栏，挑四五个合适的招聘职位，重重地打几个勾，然后放在显眼的地方。葆拉提出异议："那不是小儿科吗？"当然，我承认，这属于小儿科，但葆拉也没别的办法，只能让格里明白，她不是闹着玩的。

这个小把戏，或者说葆拉的决心见了效。过了一个月，格里为她单独开了个户头，转了一笔钱，并且答应每个月都转钱进去。她欣喜万分。这场小胜仗为葆拉开启了一扇门，方便她接着提别的要求，比如好好让格里对待几个孩子。

我当然不是说葆拉和格里从此夫妻和谐、相敬如宾。格里还是一股孩子气，为人刻薄，也不愿意来我这儿接受咨询。不过，葆拉下定决心、费了好大一番工夫，改变了自己的态度和心情，再也不像从前那样消沉。她在车库楼上辟了一间画室，在那儿作画，甚至还卖了几幅作品。她经常跟朋友聚会，每周还让格里帮忙料理几次家务。

关键是葆拉认识到，她没必要为格里干的坏事负责。她再也不去理会他对自己的负面评价。他说的话依然伤人，但她认识到，那不过是一个缺乏安全感、担惊受怕的男人在宣泄情绪，为了获得安全感一味地打压她罢了。用她在最后一次辅导结束后道别的话说："我恐怕要做他一辈子的'好妈妈'，而不是一个好妻子，但我也认了。"

请你记住，你给丈夫的行为设定底线，不是为了改变他，而是为了改变他对你的态度！单单定一条底线，你改不了一个男人的本性。不过，明确你的底线，什么能接受，什么不允许，能让他对你好一点。这样做可以省去夫妻间一些无谓的争吵。虽说不能立竿见影，但只要你鼓足勇气去尝试，终究会有效果。

一句警告

一旦你做得过了火，刺激了控制型男人，他恐怕会跨越心理虐待这条线，开始身体虐待。一个平生从没扇过女人一巴掌的男人到了六神无主、穷途末路的时候，说不定会一时冲动，诉诸武力。他可能只想重树威风，也可能认为妻子想跟他分手，被吓坏了。既然老一套不灵光，他说不定就会走极端。

一个男人动粗的时候，你更要对他的行为有所约束。我在前文介绍了言语的约束，但对动武，言语约束无异于一句空谈。如果对方失去了理智，开始动粗，你必须立即离开他。对一个暴徒你无法讲理，必须先躲开他，如果有孩子，请带上孩子。请你记住，你的做法是身教，教他们以后遇到类似事件的处理办法。如果他动粗的时候你还不走，等于告诉他“你做什么我都能忍”。你可以去亲戚朋友家避一避，或者直接去受虐妇女收容所，哪怕你没有挨打，仅仅是被推了一把，也要切记躲开他！

如果家暴在你们家是家常便饭，那么，除非有专业人士帮助你解决这个非常严重的问题，否则切不可贸然谈什么新行为。在此我推荐两本书：一本是戴尔·马丁（Del Martin）的《受虐的妻子》（*Battered Wives*），另一本是吉妮·妮卡西（Ginny Nicarthy）的《你可以自由：受虐女性自助手册》（*Getting Free: A Handbook for Women in Abusive Relationships*）。

如果为了自己的人身安全，你非得离家不可的话，你首先想到的可能会是：“我什么时候才能回来？”作为从业多年的人员，我可以明确地告诉你，这不是你躲几天就能解决得了的问题。你丈夫也许一辈子都不会再动手，但谁也说不准。动手的阴影会时刻萦绕在你的心头，除非你坚持拽着他一块儿去做咨询。没有专业人士的干预，我们不建议女性自行解决这个问题。如果你要回去取钱、取衣服，千万别一个人回去，不妨带上一位朋友或亲戚。在这个关键阶段，你越强势，他才越不会再对你动粗，所以关键在于你要态度坚决。如果那是你的住所，你要回去他却赖着不走，别害怕，打电话给警察，让警察“请”他出门。

请记好了，有难处的时候请求帮助也是一种勇气和力量。

第十四章
如何选择合适的咨询师

如果你做了我建议的练习，你们的冲突恐怕早已风平浪静，他的性情也会平和许多。但你们要和好如初，恐怕还任重道远。即使你采取了新行动，但还有许多情况你解决不了，结果又会不知不觉地回到老的套路。如果出现了这种情况，你应该寻求专业的帮助。

许多人仍固守“求助是懦弱表现”的旧观念，她们自认为能解决自己的这点问题。不用说，这种观点大错特错。有了困难寻求帮助证明你有勇气、有胆识、有智慧。如果你不能如愿改善夫妻关系，心理辅导说不定能帮你解决。

所谓“病人”，是指你们的夫妻关系

妮姬发现艾德出轨后，原本打算离婚，但经不住艾德苦苦哀求，又给了他一次机会，留了下来。短暂的第二次蜜月过后，两人的婚姻很快又回到了从前的状态，艾德故态复萌，又有了外遇。他的占有欲、控制欲和背叛让妮姬备受折磨。当她想和艾德诉说自己心情的时候，他当即掉转枪头，说这是她的问题，与他无关。他说：“如果你爱伤心，尽管伤心好了。我可没办法。”妮姬真的以为自己“有病”，艾德又

让她相信，只要她能把握好自己的行为和情绪，那他们的婚姻会很美满。这时妮姬才来找我咨询。

在我们的共同努力下，妮姬平静了许多，重拾了自信。不过，她的婚姻问题已经很严重。我告诉她，如果要挽救这段婚姻，关键是要说服艾德也来接受辅导。既然婚姻破裂双方都有推卸不了的责任，那么两人就要共同努力，让夫妻关系恢复正常。需要我解决的是这段婚姻的问题，不是妮姬的，也不是艾德的。

不出所料，艾德坚决不肯接受心理辅导，最后还是妮姬扬言，如果他不肯来，那就离婚，他才不情不愿地答应来见我。

谁知经过最初的抵制后，艾德竟然积极配合，真心愿意祛除从前和现在的心魔。最后一次辅导时，艾德对我说了以下一段话：

我以前真的以为错不在我，都怪她，是她不好，连我外遇也是她的错，因为她索然无味。到了这儿，我才明白是我薄情寡义，尤其是对她，我不禁大吃一惊。我以前不明白。接受辅导后，我最难过的一件事是发现她性冷淡是我造成的，都是我不好。

听了这段话，我惊呆了。施暴者和受害者不复存在，夫妻和睦、情真意切的可喜一幕出现了。

可惜妮姬和艾德是对特例。就我和许多同仁从业多年的经历来看，控制型男人来接受咨询的可谓凤毛麟角。

控制型男人一般会认为心理咨询撼动了他在家中的权威和地位。内疚、懊悔、焦虑和伤心等促进改变的心情一般不在控制型男人的心情之列。因此，就算再好的心理咨询师也拿他们没辙。此外，控制型男人不愿为亲密关系中的问题承担自己那一部分责任，也没有伤心到需要求助的程度，就算他愿意接受治疗，也往往抱着“治治伴侣的坏毛病”这个目的来的。

马克和杰姬就是典型的一例。在杰姬的一再坚持下，马克才不情不愿地来到我的诊所。他当时给我的印象是一位对妻子忠贞不贰的好丈夫。咨询过程中，他听不进杰姬说的任何一句话，杰姬说日子过得不开心，他听得一头雾水。他以为咨询和辅导是一种社交，于是不停地说着他的童年故事和业务问题。他幽默风趣，是个帅哥，但我看得出，要让他吐露心声，恐怕比登天还难。用马克的话说，他们之间唯一的问题在于杰姬没完没了地埋怨他业务没有起色，伤了他的自信。他一口咬定，只要我能让杰姬重回刚结婚时那样温柔体贴的状态，做好贤内助，一切问题都能迎刃而解。最近一次咨询，我与他们的对话如下。

苏珊：“杰姬说你屡屡采取情绪暴力。你大喊大叫，吓唬她，把她气哭，侮辱她。你难道就是这样对待你深爱的人的？”

马克：“哦，你瞧，小杰姬就爱夸大其词。她一贯这样。我脾气不好，这我承认。但说到侮辱，除了说她是我的小亲亲，说她是我这辈子见过的最漂亮、最性感、最惹人喜欢的女人，我也没说过别的话呀。你说说，这也算侮辱？”

苏珊：“你是说，你们夫妻双方这些年经历的苦恼和不快与你无关，都是她自寻烦恼喽？”

马克：“绝对不关我的事。我这几年生意不顺，接连几次决策失败……”

苏珊：“我不想听你讲生意。你说说，你在婚姻中起到了什么作用？”

马克：“我对她付出了百分之一百一的真心。我不出门会友，不喝酒，从没打过她一巴掌。没见过哪个男人比我对一个女人更加忠贞不贰的。但我不晓得她什么时候想起来做一家之主的。她希望由她管钱，随便赏我几个钱，真是莫名其妙。”

杰姬：“我没说要独揽家里的经济大权呀，我只是说我打算把工资存入一个单独的户头，负责一家人的开销。”

马克：“我从小也没跟人要过零花钱，现在根本不会。还没哪个女人教过我怎么花钱呢，小宝贝。”

苏珊：“钱的问题先放一放，马克，我们先说说虐待。”

马克：“你听着，我爱她，希望和她过一辈子。请问我错了吗？”

苏珊：“如果杰姬说得是真的，那么，你有时候是个坏蛋。”

马克：“好吧，小姐，你要好好想想的恐怕是为什么你对男人没有好印象。你今晚打算跟谁回家？”

苏珊：“我们现在讨论的不是我，而是你。你到这儿来，是因为你的婚姻出了问题——你口口声声说你珍惜婚姻，口口声声说你珍惜这位女士。但在这整整一个小时的咨询中，我根本看不出你认识到了你们夫妻之间的矛盾，你至少要负百分之五十的责任。”

说到这儿，马克站起身说：“显然，如果要我在这儿接受治疗，你们得找一个懂业务的人来。”说完，他转身头也不回地出了门。

如果我不直接与马克针锋相对，他恐怕会说一个小笑话，讲讲他小时候的趣事，成为治疗小组的开心果。但只要我将矛头对准他，直奔主题的时候，和许多控制型男人一样，他立即施展障眼法，东拉西扯、卖萌、开玩笑。如果不管用，他又开始指责我，就是避而不谈亟须解决的问题。

除非一个男人真心承认，夫妻关系中出现的问题他起码要负一半责任，否则治疗压根儿解决不了问题。

不过，还有一群男人，我称作“假性控制型男人”，他们愿意积极配合治疗。他们从小受到母亲的过分溺爱，长大后，以为天下女人都和他妈妈一样——想他们所想，急他们所急，以他们的满足为己任。

如果假性控制型男人再搭上一个不能清楚地表达自己的意见或需求，以为只要提个要求就会遭到抛弃的女人，他的表现也许会像一个控制型男人。但他不是真正的控制型男人，他可恨的行为源于从小所受的教育——摆脸色、发脾气、撒泼能满足他的愿望，而不是出于对女人的恨和恐惧。对这种类型的夫妻，咨询往往有着立竿见影的效果。一旦意识到自己的行为让妻子不快，他会立刻有所悔悟，说："我真不知道自己让你有那种感受，是我不好。以后我要多照顾你的心情。"

抵制心理咨询的控制型男人

一提到陪妻子来接受咨询和心理辅导，大多数控制型男人的第一反应是："我才不去呢。问题在你，不在我。"这种简单粗暴的借口将责任一股脑儿推卸给了女人。为了回避咨询，控制型男人惯用的借口如下：

- 我的问题我自己能解决，才不要一个精神病医生教我怎样办。
- 我就是这么个人，改不了。你要是想改，请自便。
- 接受过咨询的人我见过的多了，也没见到他们有什么变化。
- 去看心理医生？！咱们可没那闲钱。
- 精神病医生比病人还有病！
- 我没空！
- 你就嫁了我这么个人，要么忍着，要么干脆离婚。

我必须承认，愿意来接受心理咨询的控制型男人实属凤毛麟角。他会答应过来试试，那是妻子以离婚相要挟的结果，但如果他软硬不吃，不肯接受咨询，不惜失去你也不愿开这个头，那么离婚要挟也起不到什么作用。

不过，千万别灰心。许多机构提供各种形式的咨询服务。也许他打死也不肯接受心理辅导，但说不定同意去这些机构举办的周末婚姻关系恳谈会。这些活动虽然时间不长，能力有限，但能为你们提供一个看待夫妻关系的新视角。

卡罗尔和本就是一例。结婚二十六年后，卡罗尔终于受不了本的占有欲了。本拒不肯考虑参加婚姻咨询，于是她建议试试周末婚姻关系恳谈会。为了息事宁人，图个安生，本勉强答应了。在恳谈会上，他们向对方吐露心声，本第一次发现妻子心情郁闷。他发现自己面对的选择是要么失去妻子，要么答应接受专业的咨询，于是决定来找我。一年中，我辅导了他们许多次。辅导临近尾声的时候，卡罗尔给本写了一封精彩的信。

我最亲爱的本：

我们结婚的时候，你就是我的骑士，披着闪亮的铠甲。

结婚头五年，我们一起打拼，过了几年的苦日子。两个女儿先后降生，你的事业才刚刚起步。也就是那个时候，你变得蛮横霸道。你事业蒸蒸日上，一天到晚张口闭口说的都是生意经，而我却整天待在家里带两个孩子，忙得无暇分身。我们不在同一个频道上，但都脱不开身。就好像上了过山车，一会儿是好日子，一会儿是坏时光，温柔的时候很温柔，难熬的时候真难熬。我知道你离不开我，但我却完全没有了自己的生活。

你取笑我去学校进修的想法。虽然你最终同意我回到学校，却又百般刁难我。你一而再再而三地阻挠我的学业。我花了十多年才拿到了大学学位。一方面，你替我支付学费，可另一方面，这却成了我握在你手中的笑柄，你甚至当着孩子的面奚落我。我对你爱也不是，恨也不能，我原本想跟你一刀两断，即使我那么在乎你，舍不得你，也必须得离开你了。

后来我们去了那个周末恳谈会，一切都有了起色。你答应陪我去见苏珊，情况发生了截然不同的变化。我现在对我、对我们的婚姻有了信心。我们最近成长了许多，我们之间的默契与日俱增。新婚伊始的信任感如今又入驻我们的心中。我觉得自己比以前更加开朗。我爱你，信任你，我觉得安心、快乐。我相信，我们能携手创造美好的生活。

爱你一万年

卡罗尔

见卡罗尔和本这对老夫老妻敞开心扉，婚姻关系出现变化，令人心潮澎湃。他们参加的周末恳谈会点燃了夫妻开启新生活的火花。

对你的帮助

哪怕你想尽办法也说不动丈夫陪你去接受心理咨询，你也能靠自己获得救助。一位优秀的咨询师是你坚强的后盾，能帮你解开心结。

如果你嫁了个控制型男人，自信和自我价值感恐怕会被消磨殆尽。万般无奈中，你认可了他说你“不行”，渐渐怀疑自己的观点。但在心理辅导过程中，你可以畅所欲言，证明自己的观点，重拾你为了保住婚姻而放弃的那部分自我。

心理辅导还能帮你从风暴中心抽身，帮你分清是非，以便你依据自己的最大利益而不是出于恐惧，重新做出选择和决定。相比单靠你一己之力，咨询师为你敞开了一扇门，为你指引了许多条道路。

如何选择合适的咨询师

如果你决定试试心理咨询，首先想到的问题恐怕是："我怎样才能挑选一位合适的咨询师？"说句实话，这个问题真不好回答。现在的咨询师和咨询业务多如牛毛，令人眼花缭乱。总的来说，你要找的咨询师应该给你一种和他在一起很快乐的感觉。哪怕第一次接受辅导，你也能感觉到他在听你的倾诉，没有对你评头论足，让你有安全感，觉得受到了尊重。如果几次下来，你始终觉得别扭，请相信自己的感觉。你可别以为这是你的错，或者说你内心抵制改变。治疗效果取决于咨询师的医术和医患双方的沟通程度。这是一段时而亲密无间、时而难以相处的过程。你和咨询师相处得融洽与否，以及他的学识和医术水平高低，都关系到你的成长。如果一位咨询师理解不了你的心情和需要，请你不要在他身上浪费时间、金钱和精力。

就我个人认为，心理辅导应主动进行、对症下药、有一定的时间限制。优秀的咨询师能给你充分的反馈。懒洋洋地往椅子上一靠，偶尔对客人哼一声，或抛一句"你觉得呢"的咨询师大有人在，你要当心。主动引导你积极转变态度和行为的咨询师能节约你不少时间和金钱。别担心货比三家。你是顾客，你有权提出疑问，请他们直接回答。找对咨询师的关键是要相信你的直觉。

要鉴别出不合适的咨询师，以下几点仅供你参考：

- 咨询师始终端坐在一张大办公桌后，无形中在你们之间形成了一道隔膜。
- 咨询师信誓旦旦地告诉你，只要两三个小时就能解决问题，而且索取一大笔咨询费。
- 男咨询师不停地夸赞你的魅力，或者告诉你他性生活的细节。
- 咨询师基本上不主动提问，靠在椅子上偶尔点个头，一声不吭。

•咨询师告诉你，要解决你的问题，可能要花费几年之久。

我认为咨询师的性别并不重要，关键要看咨询师对男性和女性的态度。许多心理治疗师，尤其是精神病医师和心理分析师学的仍是弗洛伊德的老套路，认为女性有问题、歇斯底里、自寻烦恼。弗洛伊德派的咨询师，男也好，女也好，无不认为自己的职责是帮女性“矫正”她们的角色定位。在这种背景下，他们所谓的健康和谐是不论男人作何表现，女人都要学会低眉顺眼、好好持家、当好男人的贤内助。如果女人有自己的抱负，往往被斥为争强好胜、丧门星或男人婆。令人不可思议的是，咨询界持这一观点的咨询师不乏其人。

还有不少男咨询师持很强的偏见。他们认为，如果婚姻出了问题，一准是女人的错。我亲耳听过一位男咨询师说：“她纯属夸大其词，他们夫妻关系哪能像她说的那样糟。说不定是她喜欢受虐，所以才一再惹他动怒。”

令人遗憾的是，控制型男人充斥在各个行业，无处不在，心理咨询界尤其多。咨询师这一职业披着权威这个光鲜的外套，复制着家长和孩子之间的关系，连自家事都解决不了的男咨询师对女咨询者采取的往往是自家的方案。如果你偏巧遇到了一个对待女人持有和你伴侣相同态度的男咨询师，无异于从一个火坑跳进了另一个火坑。因此，你要注意咨询师给你的感觉。如果他让你想起了丈夫的行为，那你找错人了！只要听见咨询师说出下面任何一句话，请重新考虑你的选择：

•他不过是想维持家中的秩序罢了。

•如果你别一心只想着自己，而是多想想如何做好一个贤内助，也就不会惹他动那么大的肝火了。

•你瞧瞧你，你就像一个叛逆的小女孩。

- 你这不是惹他动怒吗?
- 你这不是自寻烦恼吗?
- 这没什么大不了，谁没发过脾气?
- 你想他和气一些，你干吗不好好学学如何做个好女人?
- 你有没有想过是你太苛刻了呢?
- 你不想想，天底下的男人谁肯找一个比他强的女人呢?

另外，你还要注意以下几个负面评价语：

- 丧门星。
- 母老虎。
- 歇斯底里。
- 飞扬跋扈。
- 专横霸道。

杰姬第一次找咨询师那次，是马克做生意险些让他们家破产。她对我说了与当时那位男咨询师的一段对话。

他说我歇斯底里，控制欲太强，别说马克，谁都不喜欢这样的女人。他嘱咐我别过问马克的生意，否则他会抛弃我。那段时间，马克把家里的钱都败光了。由于他生意失败，我们卖了房子，我急得都快疯了。每次打电话给那位咨询师，他都会说："喂，我就知道问题出在你身上。你反应过激，什么都想插一手。你做好你的贤内助，别去烦他。让他自己做主好了。"我说："可他把家都败光了，全泡汤了！"谁知他还是那句话："我就知道问题出在你身上。"那之后，他连我的电话都不肯接了。

我不是说男咨询师各个都是控制型男人，或者各个都对女咨询者态度恶劣。恰恰相反，我的许多男同事对女性在婚姻中遇到的问题非常理解和关心。我一辈子也忘不了曾与我一起带领过团队的一位年轻的男咨询师，团队里有一名女性结婚十年，如今却不知何去何从。她向我同事讲述了一系列丈夫极其冷血地对她进行心理虐待的事，然后问自己究竟做错了什么，我的同事答道：

你不知不觉中受到了他的感情虐待，而且是家常便饭。这绝非偶然，也不是普通的夫妻纷争。你其实没做错什么，只不过不晓得怎么保护自己罢了。

由于这位女性在潜移默化中接受了丈夫的许多负面评论，因此另一个男人的点拨对她至关重要。她脸上露出如释重负和感激的神情。她分明觉得有人在倾听自己的心声——说不定是许多年来的头一回。

有人珍惜、尊重你的治疗是你能送给自己的最好的礼物。慎重挑选咨询师，就好比你殚精竭虑地为孩子挑选一位好医生。一旦挑错了咨询师，只会让你原本郁闷的心情雪上加霜。

第十五章 如何应对分手恐惧

杰姬用尽了我教给她的技巧和策略：设定底线、锻炼心智，甚至拉着马克一同来接受心理咨询。可惜她的努力都付诸东流，不但没能改善她的婚姻状况，情况反而越来越糟。马克认为他即将失去对妻子和孩子的控制，于是变本加厉地虐待他们。他的话越来越难听，保持冷静和风度的时间越来越短。

杰姬还抱着一线希望，希望马克哪天能幡然醒悟，昔日对马克的爱意时不时地涌上心头。结婚十年，她对这段婚姻投入了很多感情，一时间真狠不下心一刀两断。但她终于认识到，她和孩子只有听任马克的无理取闹和摆布，才能息事宁人，求得安生。

忍耐的极限

夫妻两个人闹到女方希望一刀两断的地步，势必要有一个爆发点。这一刻不一定非得是夫妻关系闹僵的那一刻，恰恰相反，往往是女人从一个不同的角度看待男人的时刻。这一刻也许很短暂，但说不定在两人分手前已经发生过许多次，导致这一刻最后一次出现的不见得是什么大事，但一般是一系列类似行为中的最后一次。

人各有异，耐心和爆发点也不尽相同。谁也说不好哪件事是压死骆驼的最后一根稻草，以及它什么时候出现。对杰姬来说，关于叛逆期的儿子的那件小事，让她认清了马克。

我儿子格雷格哪怕忘了叠被子，也跟犯了弥天大罪似的。马克这人有洁癖，所以一点小事就能惹他发脾气。他不遗余力地让格雷格遵守他立的毫无道理的规矩。这一次，他让格雷格头顶一把笤帚，绕街区跑一圈。格雷格已经十四岁了，开始顾及面子了，这次他为自己分辩了几句，说他绝不会那么干。马克暴跳如雷，张口就骂："你这个没出息的小东西！我要是叫你蹦，我想听到的唯一一句回答，是'蹦多高'！"那一刻，我望着马克，发现他真丑，而且胡搅蛮缠、凶残成性。那一刻，我明白我不想再和这个男人在一起。我再也不能让孩子们忍气吞声。我心里咯噔一声——该结束了。

马克虐待杰姬和孩子这些年，她都忍气吞声，只会赔不是，把责任揽在自己身上。终于，在这个爆发点上，她心意已决，哪怕她再留恋马克，也不要自己和孩子再跟着他，这纯粹是自讨苦吃。

就在这个爆发点上，杰姬认识到要趁早结束这段婚姻。她对马克死了心，知道他们之间已经没有了挽回的余地。但对另外一些女人来说，却很难下得了决心与控制型男人分手。她们对自己所受的虐待义愤填膺，一看见对方就气不打一处来，却又拼命地想保住这段婚姻，不论心里有多痛苦。

分手说着容易，但真到了要分的时候，却发现事情不是说说那么简单，分手后往往又会懊悔和自责。即使承认这段婚姻对自己伤害至深，但许多女人仍认为分手或离婚是个错误的决定，只能说明她们做人失败。其实，她们错就错在太过忍气吞声。相比鼓起勇气结束这段有百害而无一益的婚姻，不敢、不愿分手才是最大的失败。如果你千方百计地尝试过改善两人的关系却毫无效果，再留下来就是你的错了。

下决心一刀两断

我十分理解你痛苦纷乱的心绪，这不是一个简单的决定。从业这些年的耳闻目睹让我知道，痛下决定的这段时间对你来说非常难挨。请你放心，你的痛苦和矛盾是正常的，你一定能承受下来。我常常把这段经历比作一次大手术：伤口会痛上一段时间，但终究会痊愈，这段百害无益的婚姻就像旧疾，手术之后将会彻底离你而去。长痛不如短痛，若是任由疾病折磨，你只会越来越糟，绝不会痊愈。

一段割舍不下的婚姻

控制型男人的行为越是卑劣、蛮横霸道，女人越是对自己的能力丧失信心，越是难以面对一个人的孤独生活，越是觉得离不开他。她甚至认为少了他，自己简直活不了。当杰姬认识到无法挽回与马克的婚姻时，顿觉惶惶不安。她生怕在一个没有窗户、冰冷的斗室中孤孤单单地了此残生。尽管这纯属杞人忧天，但还是吓得她不敢痛下决心，与马克一刀两断。

我经常听一些女人说害怕没有尽头的孤独。她们不是害怕失去亲人和朋友，而是特别担心能不能再嫁得出去。许多女人担心，如果离开了那个叫她们又爱又恨的男人，浪漫的爱情生活也许就此告终。

怀抱着这层恐惧的女人往往以为，唯有另找一个男人才能填补她的空虚、缓解她的孤独。“出油锅，又进火坑”，这句老话虽千真万确，但抵不过许多下定决心摆脱控制型男人的女人最初的惶恐。

我当年在医院见到的吸毒者就有着同样的恐惧。如果你问一名刚刚决心戒毒的人今后的打算，他多半会六神无主，因为能给他希望的东西有限。不过，戒毒六个月后，他会发现，原来世界上还有这么多美好的东西等着他尝试和享受。

执迷控制型男人的你，就好像一个瘾君子，看不到离开他后的生活，以为少了他，你再也活不下去。为了缓解对孤独终生的恐惧，你往往寄希望于另一个男人。但就好比戒毒不能靠另一种毒品，解决你问题的办法也不是找另一个男人。要解决你的问题，首先是快刀斩乱麻，彻底摆脱这个人。离开控制型男人六个月后，你会像变了个人似的，不仅换了一种心境，而且能从一个新的角度看待人生。只有结束了这段执迷不悟的婚姻，你才能看清方向。我告诉接受辅导的女性，不妨把这段恐惧看作“戒毒综合征”，担心找不到男人就好比担心找不到保持身心愉悦的代替品。这段难挨的日子里，你的感情发生着蜕变。戒除了感情的“毒瘾”后，你会觉得自己格外坚强，发现今后的道路出人意料地宽广。

解决你的分手恐惧

少了马克，杰姬认为自己前途迷茫，但这纯粹是她内心那个小姑娘在作祟。她生怕孤苦伶仃地了此残生，这种担心其实是源于幼年时脆弱、无助、没人疼没人爱的心情。其实她有一份不错的工作，也许还能分得一份房产，再说她又不是交不到朋友。但她偏偏对这些视而不见，愁得夜不成寐。

处在极度担心中的人往往用悲观、阴沉的内心笔触，把未来描绘成一幅灾难性的画面。极度恐惧的人口中往往说的是“永远”“始终”“我不能”等绝对性的字眼。以下是考虑与控制型男人断绝关系时极度恐惧的女人经常说的话：

• 我再也找不到爱我的人了。
• 没有一个当家做主的男人，我该怎么办呀？
• 我注定要在孤独中了此残生了，你知道，孤独是世界上最可怕的一件事。
• 我这辈子再也交不到一个朋友了。
• 我一个人哪能养活几个孩子！
• 我肯定找不到工作。
• 如果离婚，人家肯定会认为我是个失败者。
• 我人老珠黄，没有一个男人看得上我。
• 我要是胆敢离婚，他肯定会杀了我。我说又说不过他，打又打不过他。

有些女性担心这辈子再也没人疼爱，而另一些女性则更担心钱、工作等和基本生存相关的东西。她们不知所措，往往是因为分不清哪些是对实际情况的担忧，哪些是对未来的极度恐惧。很显然，结束一段婚姻后，实际问题往往出在把握不了经济状况和就业市场，独自抚养孩子太困难，社交圈子发生了变化，以及提出离婚后，不知道对方会使出什么手段。对现实情况的担忧不同于对未来的极度恐惧，面对前者，她们会想对策："要是……怎么办呢？"面对后者，她们常常束手无策。

不论你对未来有什么顾虑，你必须打消极度的恐惧，才能着手安排、制订计划，解决你要面临的实际问题。

解决问题，摆脱绝望

为了让你不再恐慌，好好地为将来做规划，请重温第九章的练习，掌握如何分清想法和感受。我们说过，感受源于想法，一旦你学会了转变产生坏心情的想法，自然也就转变了坏心情。这种方法还能将绝望转变为希望，从而让你想出解决问题的方法。你若是将“我要是胆敢离婚，他肯定会杀了我。我说又说不过他，打又打不过他”这一想法转变成“我知道他不会善罢甘休，但我能找到得力的帮手和支持我的人，我要争取我的正当权利”，绝境自然而然就会变得有路可走。

绝望的想法	积极的想法
我注定要在孤独中了此残生了，谁都知道，孤独是世界上最可怕的一件事。	我知道我要过一段孤独的日子，但我会想办法结交朋友。我要联系老朋友，结交新朋友。
我再也找不到另一个男人了。	上天给我安排了什么样的命运，谁也说不好。也许要花些时日吧，但等我有了自信，说不定能遇到一个对的人呢。我还是先享受几天自由的生活吧。
我再也不会像爱他一样去爱别人了。	我不会再像从前那样，仿佛坐上过山车，一时干柴烈火，一时情绪低落，因为那给我带来快乐，也让我痛不欲生。下次我要遇到一段长久、温馨的爱情。

（续表）

绝望的想法	积极的想法
如果离婚，人家肯定会认为我是个失败者。	人家也许认为我是个失败者，但我这么做，是出于保护自己的最大利益。不需要别人的认可，我也能过得很好。
我一个人肯定养不活几个孩子。	我们可能要过段紧日子，可能要降低生活质量，但没关系，我们会挺过来的。
我肯定找不到工作了。	我恐怕一时找不到一份特别好的工作，但我肯吃苦呀，不会找不到事做的。
如果又要工作，又要抚养几个孩子，我肯定会累垮的。	肩负着这么大的责任，我肯定会不容易，但人家能做到，我付出百倍的努力也会做到。
他肯定会把孩子从我身边夺走。	他可能会争夺抚养权，但他没多大机会。我是一位尽心尽职的好妈妈，为了孩子，我愿意跟他斗争到底。
没有他我真不知如何是好，连家里的开销都无法保证。	到现在我还有很多事情做不好，还有许多实际困难也要学着去解决，但我希望有朝一日自己能解决生活中的困难。等到那一天，我不必再容忍别人对我呼来喝去，再像打发叫花子似的施舍几个钱。

（续表）

绝望的想法	积极的想法
一旦我和他离了婚，我们共同的朋友都不会想再见我。	我的朋友圈子可能会有所变化，我会失去现在的一些朋友，但我将结识新的朋友，他们会把我当作我，而不是他的一部分。

你瞧，转变想法不仅变绝望为希望，而且也找了解决问题的办法，确定了新的立场。如果你处于类似的境遇，不妨列一份你的顾虑和担忧，然后用自己的话重新组织，变绝望为希望，从中找到解决办法。

每次恐惧涌上心头的时候，请拿出这份清单好好看看。时间久了，你会发现你其实很强大、很有能力。这个练习不一定能解决你的所有问题，但变绝望为希望肯定能打消你无端的恐惧。

处理好你对分手的愧疚感

当你下定决心与伴侣分手，内心随之而来的是对离婚的强烈愧疚。

抛弃他的愧疚

一想到与吉姆分手，罗莎琳德总觉得心虚，一时狠不下心，所以迟迟没采取行动。在两人同居的几年中，罗莎琳德一度红火的古董店破了产，但吉姆不愿也无法保住一份稳定的工作，维持一家人的生计。他经常喝得烂醉，对罗莎琳德恶声恶气，说她没女人味，家里入不敷出让他烦透了。四年后，他们的夫妻生活已经名存实亡。罗莎琳德想跟他谈谈他不负责任的行为，他却借故生事，大吵一架，然后一连离家出走好几天。这种分居的生活让罗莎琳德极其恼火。

有十几次，罗莎琳德以为他会一走了之，再也不回来了。每次她备受折磨，准备收拾残局的时候，他又跑了回来，上演前一轮的闹剧。最近一次让罗莎琳德忍无可忍的，是件算不得事的事，是关于钱的。她解释说：

他正等着我为了钱大吵一架，好有借口上演离家出走的好戏。我知道他的心思，也不理他。他偷拿了我从店里取出来的现金，这笔钱我原本是用来买日用品的。我一回到家，就看见他穿了一双新跑鞋。我问他："你从哪儿弄来的这双跑鞋？"他说："商场促销，只要五十美元。"我说："你哪来的买鞋的钱？"他等的就是这一句，于是大发脾气。他说我嗓门大，像个疯婆子，还说早就烦透了这一切，如果在这个家连这点主都做不了，还不如没这个家。那时候，我真受够了他这一套，干脆说："那好啊，请你收拾东西，趁早给我滚。"但他摔门而出的那一刻，我知道，如果他回来，我还会接纳他。我知道他无处可去，找不到工作，我不忍心抛下他不管。我不想成为他落魄的时候抛弃他的另一个女人，那样我真的好愧疚。

罗莎琳德不忍心将吉姆扫地出门，让他流落街头，所以一而再再而三地容忍他、接济他，久而久之，她渐渐以为自己有义务照顾他，跟上辈子亏欠他似的。

罗莎琳德和吉姆就好像一个心软的妈妈和一个幼稚的孩子。她分不清被需要和被爱的区别，认不清反复无常、不负责任的人救不得，他们会一再地沉沦，到头来还反咬一口，说救他的人磨灭了他的意志。

吉姆以为家是个菜园子，可以想走就走，想回来就回来。每次他挑起事端，大闹一场，然后甩袖出门，都给他一种大权在握的错觉，以为自己牢牢掌握着对罗莎琳德的控制，而其实他像一个长不大的孩子。

罗莎琳德要认清，与离开他的内疚相比，由着他把自己拖垮、把家当败光更痛苦。为了让罗莎琳德看清她不肯离开吉姆是出于愧疚，而不是爱，我请她列出不分手的理由。

我为什么不分手

- 他离不开我。
- 我爱他。
- 我不忍心伤害他。
- 我可不能又搞砸了一段恋情。
- 我跟他这么久，没法离开他了。
- 我不想再孤孤单单的一个人。
- 凑合着过吧。
- 我人老珠黄，还能指望另一个帅气的男人看得上我？
- 我们两个人好的时候，真的很开心。
- 没了我，他真不知道怎么过。

罗莎琳德终于看出，她留下来的理由几乎与两个人的感情无关了。

即便如此，她还是狠不下心跟他分手。我建议她再列出分手的理由，认清这个寄生虫的缺点，坚定跟他分手的决心。

我为什么要分手

- 他磨灭了我的信心。
- 我做什么都无法讨好他。
- 他现在碰都不肯碰我。
- 他大手大脚，不挣钱却乱花钱。
- 他害得我生意破产、丧失了信誉。
- 他惹的麻烦，自己不肯解决，也不肯负责。

- 他经常当众羞辱我，让我出丑。
- 他嫌我身材不好，嫌我老。
- 我开始恨他了。

罗莎琳德总算明白了过来，她的愧疚多半源于她误以为自己应该照顾吉姆，安排好他的生活起居。我指出，如果她继续照顾吉姆，长此以往，他反而不能自立。

罗莎琳德列的两份清单说明，吉姆的恶劣行径严重伤害了她对他的爱。只有在她接济吉姆、觉得他还需要自己的时候，她才有好心情，才有自信。

下定分手的决心前，我们都会在心里掂量再三。像罗莎琳德一样列出自己的想法能让你分清是非曲直。罗莎琳德看出，与吉姆纠缠下去毫无意义。她也知道，如果吉姆照常回来，她恐怕还是狠不下心把他拒之门外，但两人情分已尽，该下决心了。

受人恩惠，所以心里愧疚

南希努力改变自己、改善两人之间的关系，但杰夫却无动于衷，于是她认真考虑跟他离婚。她也狠不下心，不过她的情况与罗莎琳德截然不同。杰夫顾家，是一个有能力、有名望的律师。结婚这四年，都是杰夫一个人挣钱养家。他让南希过着衣食无忧的生活，南希不忍心跟他一刀两断。她告诉我：

我知道我应该离婚，跟他在一起的日子太难熬了。我照着镜子，都不敢相信短短四年，我竟然变成这副模样。但我还是觉得自己无权就这样一走了之，因为他为我付出了许多。我们住着漂亮的别墅，曾一起度过一个个愉快的假日，在社交场合很受尊敬和欢迎。可一想到他不知有多少次当众让我出丑，再想想他的小气、自私，我又气不打一处来。但我知道他爱我，离不开我。后来想想，也许是我不好，要是我再努力些，也不至于闹到非离婚不可的地步。

我见惯了南希这种反应，她是典型的受人“恩惠”，心里有愧。在许多女性看来，被丈夫养着，就是欠着丈夫的，就要对他格外地忠诚。

我告诉南希，忠诚并不等于非得忍受男人的作践或丧失自尊。作为妻子，她千方百计地让杰夫开心，为他营造家的温馨气氛，在他重视的社交生活中尽力配合。只要她消除了跟他分手的愧疚，不怕下不了分手的决心。

怕伤了孩子

对带着孩子的女性来说，心里又多了一层愧疚。以下是考虑分手或离婚的妈妈们的顾虑：

- 我怎么能做这种事呢？孩子们不能没有爸爸。
- 我不能夺走他的孩子。
- 离婚会毁了孩子一辈子。大家都知道离婚对孩子的伤害。
- 我父母离婚了，我发誓绝不让我的孩子受那种苦。
- 我无权仅仅因为我一个人不开心就拆散一个家。

这些顾虑和担忧可以理解，但许多顾虑毫无根据。没有证据证明只有父母健全孩子才能成为一个身心健全的成年人。倒是有大量证据证明，在充斥着紧张、冲突和虐待的家庭成长的孩子，长大后或是重蹈父母的覆辙，或是孤僻、消沉，或者主动承担起受害者这个角色。离婚对谁都不容易，但只要有一位慈祥的父亲或母亲引导，孩子就能，也的确挺得过去。你依据事实做出的决定其实不仅为了你好，也是为孩子好。

觉得对不起家人和朋友

虽说决定离婚或分手是你的私事，但朋友或家人也许会苦口婆心地劝你改变主意、维持这段婚姻，这就会给你增添些许愧疚。

做了分手决定后，你就要鼓起勇气，顶住好心人狂轰滥炸、让你挽救婚姻的压力。家人往往说得头头是道，试图打消你离婚的念头，但这些理由并不顾及你和孩子的最大利益。家人也许认为你提出离婚是让他们蒙羞。他们常常说“咱们家还没人离过婚呢”“你瞧我和你爸都对付过来了，何况你呢”，再不就是“我看情况也不像你说得那么糟糕，他起码没动手打你”。

我有一套专门对付这种情况的方法：不辩解、不推脱，这种态度能帮女性抵挡因为别人的不赞成或非难造成的愧疚。家人或朋友指责你，对你说三道四的时候，你不妨用以下几句话作为回应：

- 你那样想我很遗憾，但这是我自己做的决定。
- 我知道咱们家从没有人离过婚，但我不能因此而不离婚。
- 我知道你们对付过来了，但我不想吵吵闹闹地过一辈子。
- 我需要你们的支持和理解，不是你们的建议。
- 多谢你的关心，但我不想谈这件事。
- 不谈这事好不好？
- 我做这个决定无意伤害大家，我只为了我自己。
- 请你别跟自己过不去，也别怪我。

只要你态度坚决，不为所动，他们的态度根本左右不了你。

家人和朋友反对你离婚的原因不一。家人也许是担心你成为他们的负担，到时还得从经济和感情上给予你扶助。朋友说不定只是好心好意地和稀泥。他们不想你们这一对儿散了，同时又担心你成了他们的负担。你要切记，不论他们是否出于好心，又给你施加了怎样的压力，但他们不了解你的处境，也体会不了你的心情。

适当的愧疚能约束大多数人，免得做出伤天害理的事。这种愧疚当然也事关社会的存续。但许多下定决心要与控制型男人分手的女性心中的愧疚却多半是将别人的责任往自己身上揽，渴望以此得到别人的认可。在这种情况下，愧疚反而成了一种心理负担，其唯一的作用是让女性难以痛下决心，与控制型男人一刀两断，好好过自己的生活。

对他的反应做好准备

我们在前文讨论过，控制型男人为了维护自己的掌控权，往往不惜一切代价，但权威掩饰之下的是他对妻子的依赖。一旦他依赖的对象要与他断绝关系，往往就勾起他昔日的恐惧。出于这个原因，你和他分手常常会遭到他的强烈反抗。由于受到了威胁，他可能会使出你以前从没见过的手段。我再说一遍，只有做好充分的准备，你才能把握局面，不至于因他的反应而心软。

扮可怜

让南希终于忍无可忍的，是那次和杰夫去欧洲度一段期盼已久的假日。夫妻俩度假回来后的第一次辅导，她告诉我：

你知道，这次旅行我盼了多久，结果却成了一场灾难！他当众让我出丑，对我大喊大叫，屡次三番地不给我一分钱就把我撂在外面，连飞机晚点、丢了行李这种事都怪我。他简直是个恶棍。有一次，他为了一点微不足道的小事甩手出了餐馆，把我一个人晾在那儿，付不了饭钱。我只好像个做了错事的孩子似的坐在餐馆，等着他拿钱来赎我。这次旅行激化了我们婚姻中的种种矛盾。我就像他的一件多余的行李，走到哪儿丢到哪儿。我气极了，铁了心要跟他分手。乘飞机回来的途中，我说我要离婚。说完后，我扭头不理他，一直到飞回洛杉矶，就让他晾在那儿。一进家门，他又是求饶、又是道歉，说是当时不晓得怎么搞得，居然犯了那种错误。我说："晚了，没用。"我不想再当众出丑，再也不想受从前那种罪。接着他崩溃了。他哭哭啼啼，像个小孩子。我简直不敢相信自己的眼睛。他一把鼻涕一把泪地说他爱我，没有我他活不下去。他说只要我不走，叫他做什么都行。看他的可怜相，我心软了。现在我也不知怎么办才好。

像杰夫这种平时不把妻子当回事，等到她说要分手的时候扮可怜的男人不在少数，但有时候这也是一个转机。不论怎么样，南希都决定给杰夫一次改过自新的机会。

南希的自信日渐增强，但杰夫之前对此毫无反应，我担心他只知道一种婚姻的相处之道。在他改变对南希的态度之前，还要学习新的相处方式。还有，南希希望他最后关头许下的诺言，能在接下来的相处中付诸行动，改变对她的态度。

旅行回来后的几个星期，两人相安无事、其乐融融，但杰夫没有遵守诺言，来我这里接受辅导。相反，他还告诉南希他不需要外人开导："你瞧我们多幸福，何必要外人来插一脚？"等杰夫放了心，不再担心会失去南希后，他又故态复萌。南希彻底死了心。这一次，她终于下定决心，跟杰夫分手。

认为妻子可能要离婚，连平时再蛮横的控制型男人也会表现出一副可怜相。他会哭哭啼啼地哀求，甚至放声大哭。他会不住地道歉，保证改好。他会诉说你们共度的美好时光，说他多爱你，离不开你。他的种种反应只会动摇你的决心，以为他已悔过自新。

你改变主意，决定不分手之前，要自问的一个关键问题是：他道歉了，也保证了，之后是不是真的能改，能坚持多久？

他可能会自暴自弃

一旦认为自己要遭到妻子的抛弃，有些控制型男人会自暴自弃，尤其是有过酗酒、吸毒或抑郁史的人。女性这时候会担心自己一走，男人真活不了。他说不定会主动说出自杀或自残的打算，要她明白她非留下来不可。

我辅导过一位来访者，她的丈夫有过吸毒史。她和他结婚八年，也受了他八年的罪，终于下决心摆脱这段婚姻。那晚她向丈夫摊牌，说她想离婚，他喝得烂醉，发生了一起严重的车祸。她明白他这是靠扮可怜留住她，让她留下来照顾自己。后来发现这招不成，他又开始以自杀相要挟。到了这一步，我建议她发动他的家人和朋友，在他们离婚期间担任他的支持系统。有家人和朋友的支持，他不会觉得孤单、绝望，最终能度过危机。

谁也说不好你丈夫或男友以后会不会以自残或自杀相要挟。有人的确走上了绝路，但留下来并不能保证你救得了他。如果你出于这个原因留下来，以后只要他以为你要抛弃他，就会祭出感情讹诈这一绝招。

有自残倾向或情绪不稳的男人需要专业心理咨询机构的救助。如果他执意不肯求助专业机构，一味地依赖你获得安全感，你要想清楚能不能担得起这个责任。如果你已尽自己所能帮助他、给他支持，他却变本加厉，这时候你就应该明白，自残是他自己选择的。

他可能会威胁你

如果把离婚或分手视作一种背叛，许多控制型男人可能会根据你的弱点，发起疯狂的报复。

如果他一贯掌握家里的财政大权，那他很可能会扬言断了你的经济来源。你在经济上越依赖他，他越是看中这个威胁的效果。他会扬言把信用卡统统收回、注销银行账户……这一切都是要你明白，他有本事叫你求生不得、求死不能。

如果你的软肋是孩子，他就拿监护权相要挟。他会告诉你，如果你想走尽管走好了，他和孩子哪儿也不去。

如果你担心他真的报复你，最好去正规的法律咨询机构，详细了解财产、监护权等方面的情况，维护你的正当权利。

你可别因为跟他分手觉得愧疚，就把一切交给他做主，主动扮演起过错方的角色。

不过，许多威胁不过是他嘴上说说而已。你要记住，他是个纸老虎，你强硬起来，他才会服软。你只有了解了自己的正当权利，才不会被他吓倒。

一句警告

如果他扬言要对你和孩子动手，我劝你为稳妥起见，在离婚手续办好之前，先带孩子找个安全的地方避一避。离婚或分手是控制型男人最不能容忍的。请恕我再强调一遍：从没动过手的男人到了这个时候恐怕也会动手！

未雨绸缪

你决定离婚或分手的时候，未来可能存在许多不确定因素。你要事先想清楚今后何去何从，有什么困难，做好充分准备，到时候才不会慌张。

在我接触到的成功离婚的例子中，根据不同的情况、年龄和阅历，每个女人都有一套自己的方案。南希下定决心跟杰夫离婚的时候，已经四年没出门工作过。这些年，她丧失了自信，不敢去求职市场，渐渐怀疑起了自己的能力，她的外貌也今非昔比，重返时尚界无异于痴人说梦。她也清楚，在财产上，杰夫跟她将有一场恶战。再说他本来就是律师，格外不好对付。

南希第一步要做的是找一位律师，了解她起诉离婚会是一个什么后果。但她连这个也不敢，因为杰夫会检查她的每一笔开销，说不定会发现她找了律师。按我的建议，南希找了一位专打离婚官司的律师，第一次咨询不收费。

由于杰夫对钱数守口如瓶，南希不晓得他们到底有多少财产。因此，她的第二步是在律师的配合下拟订一个计划，最大限度地保护她的经济权益，同时找一份工作，免得她完全依赖离婚分财产生活。

说到工作，南希又难住了。她有才能、有经验，就业面很宽，但真到了决定一个明确的发展方向的时候，她又为难了。我建议她列几项感兴趣的职业，明确每种职业的情况，包括是否需要培训、需要哪些技能、有哪些优势和劣势。以下是她一个星期后带来的清单：

职业	优势	劣势	职业培训资格
时尚助理	·待遇优厚 ·穿着入时 ·可以出差 ·我有经验 ·我有知名度	·好马不吃回头草 ·我体重超标 ·待遇虽不错，但为了那点薪水，不值得操那么多心 ·竞争激烈	不需要
兽医	·我喜欢小动物 ·我热爱科学 ·受人尊敬 ·待遇不错	·学费昂贵 ·学校难考 ·学习时间太长	四年专业培训
秘书	·我有过秘书从业经验 ·福利不错	·我不喜欢办公室工作 ·太无聊 ·收入不高	不需要
旅行社代理	·可以到处旅游 ·可以结交朋友 ·新环境 ·我能说三种语言 ·我了解游客的心理	·旅行社代理的培训费要七百美元	为期十周的培训

如果你正在考虑换个工作或者第一次出门找工作，这种目标清单可以帮你认清自己的优势、劣势、喜好、是否具有从业资格。纵观南希的清单，不难发现她在旅行社代理这项工作上占有许多优势。但唯一的难题是她要参加为期十周的培训，并且交一笔不菲的培训费。南希以前工作的时候攒下了一点小小的积蓄，现在她打算把这笔钱拿出来付学费。

南希打定了主意，但又担心杰夫从中作梗，不让她去上课。我指出，虽说他有可能阻拦，但如果他看出南希心意已决，恐怕也只能作罢，何况学费又是她自己掏。不过，出乎南希意料的是，杰夫压根儿没注意到她生活中的这一新变化。

南希还在纠结是不是不该瞒着杰夫，应该告诉他自己的计划，否则就像是我们两个人在捣鬼，合伙欺骗杰夫。

南希："我参加培训的事，真的要对他撒谎吗？"

苏珊："如果你不瞒着他，你认为会发生什么情况呢？"

南希："他会动用法律手段吓唬我。说不定还会断了我的生活费，甚至把我扫地出门。"

苏珊："那就是说实话要付出的惨痛代价。"

显然，忠厚老实是好事，但要看对什么人，是否出于善意。南希要对付的是一个卑鄙自私、可能会采取报复的男人。相比南希的需要和心情，他更在乎失去对她的掌控。

对一个反复无常、有暴力倾向的人隐瞒情况其实是一种生存之道。控制型男人蛮不讲理，全凭一时的意气用事。如果你知道一旦说真话，肯定要遭受他的虐待，那么撒谎并不是什么见不得人的事。

你不仅要规划好今后的住房、安顿好孩子，还要学习如何解闷、如何与外界打交道。拟订一份实现目标和计划的方案，能打消你对未来的恐惧。

规划的时间因人而异。我辅导的一位来访者打定主意，等小女儿高中一毕业，立即跟丈夫离婚。她决定再等两年，是怕离婚对孩子造成伤害，尤其是小女儿。她不像杰姬和罗莎琳德那样无牵无挂，随时可以提出离婚，只要关注如何排解寂寞孤独就够了。

规划未来点燃了许多女性心中的希望，哪怕不能马上付诸实施，哪怕一开始就遭遇了挫折。我经常安慰来访者，一开始的失利并不代表失败，也并不等于计划有问题。这恰恰说明，要想改变生活、转变人生，焦虑和恐惧在所难免。请你坚定目标，不管开头有多难，终有一天会过上幸福美满的生活。

分手或离婚的后果

分手或离婚并不那么简单。法律程序虽然烦琐，但比起情断要简单得多，至少从法律角度，签完字后，双方再无瓜葛。但那份情却令人牵肠挂肚，往往要花很长时间才能真正割断。

情断

虽说清楚自己受到了非人的待遇，但即使离婚或分手后，许多女性仍对蛮横霸道的控制型男人念念不忘。我在前文中说过，在控制型夫妻关系中陷得越深，女性越难以自拔，就好像吸毒，毒瘾越深，越难以戒除。

盼他回心转意

在除夕夜聚会，鲍勃让劳拉当众出丑后，劳拉离开了他，一纸离婚诉状交到了法院。但两人闹翻后许久，她仍然苦闷得不知如何是好。

他捉弄了我一晚上，对我百般刁难，我想尽办法讨好他，搂着他的胳膊装亲昵，掏心掏肺地对他，可是我做什么都不如他的意。我搂他的胳膊，他嫌我搂得太紧。我走进人群，他说我不该去……反正我做什么都不对。后来我跟一对夫妇聊妇女运动，他走了过来，听着听着，突然把一杯酒泼到我的脸上。我整个人都蒙了！我起身收拾东西，出了宴会厅。他像个疯子似的跟了出去，扯着嗓子一路嚷到停车场。见我不理他，他抓住我的袖子，一把扯了下来："你是我老婆，我说话你就得给我听着，你不许走！"我说："算了吧。你别想再让我出丑了。我受够了！"谁知他摘下结婚戒指，狠狠地扔在了地上。我真不敢相信他能做得出。这一招让我死了心，我知道我跟这个男人过不下去了。当晚我没跟他回家，随后向法院起诉离婚，但那之后，我们才发现似乎谁也离不开谁。我也不晓得自己是怎么回事，但似乎真的放不下他。

即使离了婚，劳拉还频频去见鲍勃，住在一块儿，受他纠缠。她觉得命中注定两人是一对冤家。

我告诉劳拉，她是"中了毒"——丢不下她迷恋的人，她非彻底戒掉这个"毒瘾"、与鲍勃一刀两断不可。

我介绍了其他的来访者了结这段关系的做法：她们会跟自己约定个期限，至少九十天之内断绝与前夫的交往，包括性生活。但这一点很多女性恐怕一时做不到，因为孩子或其他问题尚存在法律争议，她们难免要与对方打交道。不过，带着孩子或在律师的陪同下与他见面也未尝不可，只要不共进晚餐，最后赤裸相对就好。

劳拉听取了我的建议，断绝与鲍勃来往一周后，她告诉我：

我一天到晚心烦意乱。我得了感冒，开车一路哭着去上班，又一路从公司哭回家。我觉得这辈子算完了，我的泪一辈子都流不干。

这和戒毒的症状真有点像。等熬过了最初几周，劳拉会发现她不再对鲍勃牵肠挂肚，觉得轻松、开朗了许多，虽说她还时不时想见他，但不像以前那样强烈了。

与控制型男人分手的女性不妨也跟自己订个约定。你可以把它看作一份“情绪离婚判决书”。

杰姬跟马克闹翻后，出乎意料的是，她对他的愤怒渐渐消失了，竟然盼着他回心转意。她回味两人在一起时浪漫、美好的时光，想着他的种种好。这时候，对于杰姬的想法，恐怕许多相同处境中的女性都会有：

- 仔细想想，以前情况也没那么严重。
- 我们在一起的时候还是有不少快乐时光的。
- 我跟他一刀两断的时候，他可怜巴巴的。我不能那样对他。
- 离婚也许只是教训他一下。现在我们也该重归于好了，我们会过上好日子的。
- 我在这段婚姻上投入了那么多的精力，怎么能说放手就放手？
- 我这么想念他，离婚说不定是一个错误的决定。

到了这个阶段，很多女性往往会大事化小，找借口与对方复合。杰姬竭尽全力抵制着这种冲动。为了不让自己一时心软，她发明了一套有趣的小技巧。

每当我鬼迷心窍似的想着他，想着他抱着我，想着他身上的味道，想着他有力的胳膊时，我就想：“也许我应该重温另一种感觉。”于是，我会逼着自己走进书房，翻出我保存的满满一盒借条。这些借条都是我们结婚期间打的，借来的钱全投进了他的狗屁生意，打了水漂。我开始找那些五千、一万、两万的大额借条，这些钱都是磨破嘴皮，求父母、姐妹借给他的，都是我一个人打两份工累死累活地挣钱还上的。我要养活一家大小，还要供着他。望着这些借条，我很快打消了与他重归于好的念头。这一招屡试不爽。

如果你这时候希望与前夫复合，不妨采用类似的方法，也可以参考第九章中“你的伴侣一向的表现”一节中列出的行径，挑一两个前夫对你格外恶劣的场景，然后在脑海中重现这一幕。你看着他的脸、听着他的大嗓门，仔细想想他对你说的恶言恶语，关键是想想你当时的心情，然后扪心自问，你想不想重温那种滋味。

离婚后对他又爱又恨、不知何去何从是人之常情。不过，控制型男人格外靠不住，想拉你回头的时候，他会换一副面孔，变成你心目中的好男人。他清楚你的软肋，花言巧语，利用你的软肋实现自己的目的。如果你经不起诱惑，回到了他身边，他又会故态复萌。你要切记，你们在一起后，也许能过上一段平静甚至美好的日子，但只要他没有诚心改变，要不了多久，他又会恢复霸道、卑劣的本性。这一次说不定会变本加厉，因为他要让你瞧瞧抛弃他的代价。

心理离婚是很多女人与控制型男人分手后最难挨的一个阶段。了结一段感情如同失去了一位亲人，也许还不止，还有你的希望、你的生活方式，以及你对自己的认识。哀伤在所难免，你可以大叫、哭喊、捶枕头宣泄痛苦，关键时寻求亲戚、朋友的支持和安慰。你要切记，强者有难的时候不怕向人求助，悲伤必然会过去。

云开雾散

分手后，当你发现什么新奇、美好的事物时，再也不必急着向谁辩白、解释或赔不是。你现在可以自作主张，不必提心吊胆地想着他的反应。罗莎琳德结束了如履薄冰的生活，不禁喜出望外，尽管她时不时地不知所措，但没人再对她指手画脚，还是让她激动不已。她告诉我：

你不知道，每次吉姆在家，家里的气氛都紧张得恨不能一点就着。现在每晚回到家，我只觉得安全、惬意。这是我的家，再也不是他的了。虽说我有时候闷闷不乐，但比起我和他在一起时的自愧不如、力不从心，还是强多了。

罗莎琳德的坚强和果断渐渐取代了她的孤独和郁闷。我建议她每当考虑跟吉姆复合或为将来的生活发愁时，就大声对自己说：“我不允许别人再践踏我，谁也别想！”

帮孩子渡过难关

父母准备离婚的那段时间，孩子往往比较迷茫，但离婚后，控制型男人被扫地出门，孩子身上很快就会显露出积极的改变。许多女性告诉我，离婚后，孩子学习成绩上去了，也快乐了许多。我们来听听杰姬怎么说的。

马克走后，我们过得越来越好，如今一家人其乐融融。我儿子学习成绩上去了，女儿又愿意回来了。她以前编出种种借口，就是不肯回家，因为家里始终弥漫着紧张的气氛，让人透不过气来。兄妹俩现在经常带朋友回来，马克在家的时候，不是不允许，就是对他们的朋友评头论足、百般挑剔。我们现在更像一家人了。

这段时间，我建议你要如实对孩子解释离婚的原因。你要解释清楚，不能含糊其词，告诉他他的所见所闻都是真的。爸爸脾气暴躁、蛮横霸道、反复无常。孩子越大，越能明白其中的道理，但就算孩子很小，你也要让他明白，蛮横霸道不可取。

就我个人的经验而言，许多孩子，尤其年纪较小的孩子仍经常与父亲或继父保持联系。如实告诉孩子这些情况也许会伤害父子或父女之间的感情，但孩子的利益远高于前夫的利益。

你把情况如实告诉孩子，是向孩子证实他自己了解的信息。你告诉他他的认识没错，其实是免得他自责，把家庭问题揽在自己身上。做了错事，责任该谁承担就谁承担——一般是家中的成年人——你的实话实说其实为他脱下了将来自怨自艾的枷锁。

向孩子说明情况的时候，关键是要告诉孩子，父亲发火的时候，你没本事好好保护他。杰姬尝试向孩子说明真相的时候，我告诉她，要让孩子了解她保护不了他们，是因为她连自己都保护不了，并且让孩子发表对此事的看法。事后她来告诉我：

我们哭作一团。我好不容易才吐露了自己的心声。我告诉他们，以前听凭马克吓唬作践他们，是我不好。我说他们不该无端受到马克的作践。我要他们放心，从那以后，我学会了许多，再也不许那种事发生了。孩子们说："妈妈，我们不怨你。你什么时候能不怨自己呀？"见孩子们那么懂事，我泣不成声。

作为一名咨询师，工作中我见过许多人渴望父母的这种告白。对孩子坦诚你曾经的痛苦是送给孩子最珍贵的礼物。杰姬跟孩子们一番真诚的交流，增进了她与孩子们之间的感情，同时对于重塑孩子受伤的自信也大有帮助。

第十六章
爱与尊重：找到你作为女人的平衡点

久而久之，为了息事宁人、图个安生，很多女人往往夹着尾巴做人，在无奈中忍痛放弃大有前途的职业，丈夫不赞成的学业、活动或爱好，恐怕还得断绝与亲戚朋友的来往，只因为他嫉妒或者他认为两人的关系受到了他们的威胁。然而现在你终于重获自由，再也没人从中作梗，阻止你追求真正有价值的东西。想到这里，你该有多开心啊！

找回失去的自我

你付出和失去的东西一般归为下列四类。请列出你为了息事宁人、保住婚姻而放弃的东西。

目标和志向	信念和见解	社交	娱乐和爱好
·事业发展 ·考取学位 ·找一份工作 ·参加培训 ·参加讨论会	·与他冲突的宗教信仰和政见 ·人生观和世界观 ·价值观和道德观 ·审美观	·看望老朋友 ·陪家人 ·陪孩子 ·请朋友来家中做客 ·结识新朋友	·体育活动（如打网球、滑雪、跳健身操） ·参加兴趣小组（如桥牌、辩论、自行车或合唱团） ·听音乐会、看戏或看电影 ·参加野营、郊游以及其他户外活动 ·参加烹饪、外语或舞蹈培训班

罗莎琳德跟吉姆分开后，不仅立即着手重振亏损的企业，而且重建自信，并重拾追求。她告诉我：

他从我的生活中消失后，我精力倍增，也不愁资金了。我从没想到是他变着法儿榨干了我的血汗钱。我不仅重振了我的店，而且又杀回了瓷器彩绘这一行。吉姆在的时候，我就是想干也掏不出钱。记得我跟你说过，我把店面辟出一部分，供他做家具改装用吗？对，我在那儿砌了一座新窑，建成了一个干燥间。得空的时候，我坐在那儿给瓶瓶罐罐上色上釉，别提多开心了。我还决定推出一个瓷艺专栏，我绘瓷的手艺可好了，再说广告艺术是我的老本行。我在橱窗里辟出了一角，专门展示我的瓷艺作品。作品销路不错，我为自己自豪，过得很开心。

见罗莎琳德脸上洋溢的自豪，我感慨万分。她送了我一对做工考究的瓷花瓶，感谢我和她一起付出努力，我不禁热泪盈眶。

一段无益的婚姻害人害己，成天绷着神经、吵个不休，伤透人的心神。最叫人开心和精神倍增的莫过于善待自己、活出自己。一旦重返曾经的人生轨迹，许多女性都有一种喜获新生的感觉。

还记得卡罗尔和本吗？两人的生活发生了翻天覆地的变化。卡罗尔下定决心报名参加了培训班，并获得了学位。出人意料的是，本发现比起他心目中塑造出来的女人，卡罗尔更加迷人、更令人怦然心动。最后一次咨询，本告诉我：

以前，我只想找一个不会离开我的女人。我最消极的担忧是，只要她有两只脚，她就会跑。现在我有了自信，不再有那种担心了。她完成了学业，找到了一份工作。说句老实话，我还真为她骄傲呢！她再也不是那个楚楚可怜的小姑娘，更像一个有血有肉的人。她自强自立，遇事据理力争，你猜怎么着？我还真喜欢她现在这种样子！她活泼可爱，谈吐风趣，比过去更有味道了！这么说吧，我比当初更爱她了。

这段二十七年的婚姻现在为他们带来的是无尽的欢乐、幸福和对彼此的重新认识，真令人欣慰不已。

杰姬婚后虽没放弃学业和职业目标，却断绝了与许多朋友的来往和仅有的一点娱乐。马克走后，她做的头一件事是开开心心地邀朋友一块儿去看了场电影。

我几年没好好看场电影了，就因为马克不喜欢。坐在家里看看电视没什么，但真要去看电影，他是百般地不乐意。一走进电影院，他就会大声嚷嚷，表达不满。要是片子好看就罢了，要是不好看，他会怪我硬拉着他出来。到头来，我还不如不看。他让我战战兢兢，没好好看过一部电影。但现在不同了，有许多人陪我看，我还有一位最近在约会的新男友，他是个十足的电影迷。现在看电影对我是种莫大的享受，我不必担心电影不好看的话会有人当场为难我。

你可别小瞧了你的兴趣和你喜欢的娱乐活动，正是它们塑造了你的个性。能开开心心地去看场电影算不上什么了不起的事，但对杰姬来说却不容易，她终于能不必经别人的同意，做自己喜欢的事了。

开辟人生的新领域

几乎每个女人都希望夫妻和谐、婚姻美满。但如果她不巧嫁了一个控制型男人，不仅可能会变得目光短浅，而且会心甘情愿地忍受他的种种虐待和作践，因为她生活中的许多支柱已经被这段不良关系剥夺了。南希嫁给杰夫后，不仅辞去了工作，也断绝了与许多朋友的来往。在心理辅导中重拾了自信后，她又与许多老朋友取得了联系。朋友们都念着她，可惜南希都快要忘了跟她们出游时的快乐。她还发现，在顺利拿到了旅行社代理的资格，找到了工作后，她再也不怕杰夫对她气势汹汹的了。丰富多彩的生活给了她一个看待自己和婚姻的不同视角，让她不必在婚姻上寄托过多的情感、需求和希望。结束咨询的时候，南希还是下不了决心跟杰夫分手，但她有了信心，如果非分手不可，她也不再害怕，因为她不再拿后半辈子赌这段婚姻。

由于拓宽了眼界，有了主见，增添了信心和快乐，许多女性喜出望外。最近一位听众打电话来告诉我：

我有一段非常好的成功故事想跟你和广大听众分享。我今年五十八岁，曾嫁给一个蛮横霸道的男人，也因此被折磨了四十多年。不知道这么多年我是怎么过来的，但我终于鼓起勇气，走了出来。说真的，一开始我吓坏了。我从没出门做过事，以为没人肯要我，但我在一家汽车用品商店找到了一份负责前台和接待的工作。我一天要接待许多客人。我还经常业余出去跳舞，开心得不得了。

对很多女人来说，只有尽快融入新生活、摆脱前夫或前男友的阴影，她们才能重拾自信，不再恐惧人生的巨变。

当然，我无意贬低婚姻的幸福和快乐。人都渴望与别人亲近，渴望找到另一半。但找到另一半并不等于非得放弃自由、迷失自我。

你的新力量将惠及你的孩子

重拾自我的一个最大益处是，你有机会扭转反面例子对孩子的潜移默化。许多女性常常向我诉苦，担心在控制型男人主宰的家庭中长大的男孩，以后会跟父亲一样蛮不讲理，女孩会重蹈覆辙，成为像母亲一样的受害者。我安慰这些女性，只要母亲扭转了态度，打破了这个怪圈，那么不论孩子多大，都能转变对男女关系的认识。

女人鼓起勇气重塑自己的人生，重拾自我，无疑将为儿女树立一个好的榜样。儿子会渐渐认识到女人是可贵的、值得尊重的，女儿也会懂得自己的可贵，不应被人践踏。孩子仿佛一棵小树苗，具有很强的可塑性。见母亲幸福开心、充满信心，孩子也能增加幸福感。因此，对孩子来说，最伟大的老师是你充满自信的全新态度。

别再重蹈覆辙

辅导结束的时候，罗莎琳德已经有了很大进步，对自己、事业和新成绩充满了信心。之后我们有六个月没联系。一天下午，我接到了惊慌失措的罗莎琳德打来的一个电话。第二天下午，她走进我的办公室，情绪十分激动。

罗莎琳德：“我又走了老路！我认识了一个男人，他叫莱斯。他帅气、迷人，但他又重演了吉姆的那一套。我这又是何苦呀？我这是造了什么孽！”

苏珊：“你别急，你说说到底发生了什么？”

罗莎琳德：“那次我和莱斯去户外野游。我真的很愿意跟他一块儿去户外。我们爬一道非常陡峭的山坡，我跟不上他。我拼了老命也办不到。于是我喊他慢点，等等我，他不理我也就算了，竟然还大发脾气，扭头扯着嗓子骂我是个懒女人，说什么如果不努力，野游还有什么意义。我觉得我拖累了他，只好作罢，沿着小路下了山，在车里等着他。两个小时后，他下山了，一见我就发起了脾气，说我败了他的兴，早知如此，还不如带个老太婆出来。我又和从前一样，连声赔礼道歉、责怪自己，虽说我真的很伤心。后来我醒过神来，心想我凭什么要向他道歉？是他像个白痴一样对我大发脾气，错的不是我！这时我才回过味来，我又折回了老路上！我挑来挑去，最后挑了这么一个人。我恨自己不争气，只好来找你。”

苏珊：“首先，我要告诉你，你不是不争气，而是大有进步。你瞧，你已经不再一味自责，而是当即认清了你受委屈时的心情、反应和情况。”

罗莎琳德其实已经变得非常关爱自己了。一旦发现自己又落入了老一套，她能及时克制自己。她明白做事欠妥的是莱斯，不是她，最重要的是，当莱斯让她自我怀疑的时候，她能及时察觉。她的经历表明，她不会再找一个践踏她的男人了。

旧的行为模式不会一夜之间消失。改变一向是前进两步，又倒退一小步。罗莎琳德不知不觉地犯了老毛病——道歉，但这并不等于她的治疗前功尽弃。

她也不必为又挑了一个从精神上虐待她的男人自责。谁都无法保证自己不会喜欢上一个控制型男人。喜欢上控制型男人不是问题，问题是长期一味忍受、认同虐待！我安慰罗莎琳德，她做得很好！从一路上发生的事来看，她分明不愿再容忍虐待，哪怕那个男人再风度翩翩、潇洒帅气。

罗莎琳德的故事还有一重积极意义，她让我们看到：当一个人树立起了自信，哪怕再次犯错，她也有底气捍卫自己的情感安全。

许多遭遇过控制型男人的女性问我："我还能相信一个男人吗？"我告诉她们，重要的不是相不相信他的为人，而是你有足够的安全感，相信自己能应付人生的激变。

尽管罗莎琳德与吉姆有过一段不愉快的经历，但她并没有变得谨小慎微、疑神疑鬼，拒男人于千里之外。这是许多受过伤害的女性容易犯的一个错误。她们以为只要关闭感情世界的大门，避免谈感情，就没有危险。但真正的安全感源于你能够自由选择，你相信自己的感情，一旦出了问题，你能照顾好自己。疑神疑鬼、断绝与男人交往给你的只是安全的假象，那只会让你心灰意冷。

男人并非个个都是控制型男人

分清哪些行为属于虐待的同时，你也要注意不要给每个惹你不开心的男人都贴上一个"控制型男人"的标签。罗莎琳德发现了明确的证据，证明莱斯侮辱和践踏了她。不过，有些女性为了不让自己再走进一段不幸的婚姻，便错以为男人都不是好东西。

其实，与男人相处时，你所感到的不快并不都是他虐待了你。有的男人木讷；有的男人不善交际；有的男人不懂温情；有的男人还没做好开始一段感情的准备，不敢太认真；有的男人容易激动，动不动就发脾气；有的男人好争论，凡是你说的话都大声反对……但这些行为都不能说明他是一个控制型男人。别忘了，控制型男人旨在控制女性，为了达到这一目的，他往往采取咄咄逼人的姿态，威逼利诱，冷嘲热讽，贬低、摧毁女人的自信，一会儿风度翩翩，一会儿勃然大怒，让女人不知所措。

因此，不要被你对控制型男人的认识和影响左右，对一切男人都有成见。纵容男人虐待、控制你是不行的，但就此以为男人没一个好东西同样不行。

重寻真爱

这个世界上有的是体贴、细心的好男人，他们真心爱女人、珍惜妻子和她们身上独特的品质。这些男人不怕女人有才、有志向或有能力，因为他们自信、不缺乏安全感，不必非得把女人踩在脚下才觉得舒心。

劳拉跟鲍勃分手两年后，就找到了这样一个男人。我收到了她的信，随信附了一份喜帖，信写得非常精彩。

亲爱的苏珊：

还记得我当初有多担心吗？我担心自己不会再爱了，我担心再也走不出他留给我的阴影，我担心浪漫的日子从此与我无缘了。我写信是想告诉你，你说得对，我的担心是多余的。我遇到了一个好男人——兰迪。他不冲我吼，从不勉强我，从不疯狂地占有我，我全心全意地爱上了他。我以前看不上他这种男人，认为他们不够帅气、没有激情，但你猜怎么着？我如今丝毫不怀念与鲍勃在一起时的那些让人脸红心跳的感觉。我以前以为吵吵闹闹就是爱，就是热恋。但兰迪的温柔体贴、轻言细语让我明白，他比鲍勃强了百倍，跟他在一起才是幸福！我真心邀请你来参加我们的婚礼，请你见证我们这个特别的日子。

爱你，非常非常地感谢你

劳拉

许多经历过控制型男人的女性都担心，一团和气、彬彬有礼的男人缺乏激情和浪漫，但劳拉却发现，争吵并不像她曾以为的那样，是浪漫关系的调剂品，没有了争吵，她也能与一个男人共浴爱河。其实，与控制型男人相处的情绪起伏，与其说是爱和热恋，倒不如说是苦闷、紧张和摸不透对方脾气的惶惑不安。

找到你作为女人的平衡点

如今许多人面对婚姻心里没底，不晓得何去何从。“从一而终”这一套观念正逐渐被人摒弃，但人们又不晓得该用什么新观念去取代它。很多女人常常为如何善用新获得的自由同时又不显得冷硬无情而发愁，很多男人则关心如何才能既温柔体贴，又不失男子汉气概。男人和女人一样，都希望拥有自己的事业和志向——有时出于选择，有时迫于生计。

我坚信，作为当代女性，我们的目标是保持那些让我们独一无二的品质——我们的直觉、我们的喜怒哀乐、我们的能力，同时摒弃那些于我们无益的自我牺牲。做女人不必非得要唯唯诺诺、低眉顺眼、抹黑自己，做男人也不是非得有传统的阳刚气概才算有面子。做一个有爱心、甘心付出的女性与关爱自己、保护自己的最大利益并不矛盾。你能送给自己以及与你相处的男人最好的礼物是你的自我价值感，有了它，你才能得到男人的爱和尊重。

图书在版编目（CIP）数据

依恋 ：为什么我们爱得如此卑微 /（美）苏珊·福沃德，（美）琼·托雷斯著 ；王国平，王宏似玉译．-- 北京 ：北京日报出版社，2024.4

ISBN 978-7-5477-4773-5

Ⅰ．①依… Ⅱ．①苏… ②琼… ③王… ④王… Ⅲ．①爱情－通俗读物 Ⅳ．①C913.1-49

中国国家版本馆CIP数据核字(2023)第244385号

北京版权保护中心外国图书合同登记号：01-2023-5524

依恋：为什么我们爱得如此卑微

出版发行：北京日报出版社

地　　址：北京市东城区东单三条8-16号东方广场东配楼四层

邮　　编：100005

电　　话：发行部：（010）65255876

　　　　　总编室：（010）65252135

印　　刷：天津创先河普业印刷有限公司

经　　销：各地新华书店

版　　次：2024年4月第1版

　　　　　2024年4月第1次印刷

开　　本：710毫米×1000毫米　1/16

印　　张：16.5

字　　数：210千字

定　　价：56.00元